역사에 길이 남을 위인이 되는 것도,

태어나지 말았어야 할 못된 사람이 되는 것도,

어려서 부모에게 듣는 말 한 마디에서부터 시작된다.

소중한 _____ 님께

Wise mom's 자녀교육법 **'아이가 뿔났다'**를 드리며

이 소중한 글 하나하나가 아이에게

튼튼한 씨앗이 되어 행복한 열매가 되기를

소망해 봅니다.

_____ Dream

Wise mom's 자녀교육법

아이가 뿔났다

이경주 지음

와이즈 브레인

추천의 글

옛이야기 중에 '나아만'이라는 장군의 이야기가 있다.

나아만 장군은 아주 훌륭한 장군이건만 안타깝게 몹쓸 병에 걸리고 말았다. 그 병을 치료하기 위해 온갖 것을 다해보았지만 나아지기는커녕 점점 악화되어가고 있었다.

이 때 이웃나라에서 잡혀와 종노릇하는 작은 여종 하나가 우리나라에 아주 위대한 선지자 한 분이 계신데 그 분은 능히 장군의 병을 낫게 할 수 있을 것이라고 말했다. 장군은 그 여종이 당당하고 자신 있게 말을 해서인지 아니면 지푸라기라도 잡는 심정인지 하여간 엄청난 재물을 마차에 가득 싣고 선지자를 찾아 갔다.

그리고 선지자가 살고 있는 마을에 가서 종을 보내 자신이 왔음을 알렸다. 그러나 선지자는 큰 나라 장군이 왔다는데 내다보지도 않고 요단강에서 일곱 번 몸을 담그라고 말하고 문을 닫아 버렸다. 이 말을 들은 나아만 장군은 화가 머리끝까지 났다. '겨우 요단강에 몸을 일곱 번 담그라는 것이냐? 우리나라에는 그만한 강이 없다더냐?' 화가 난 장군은 너무 쉬운 것을 시키는 바람에 화가 나서 오던 길을 돌아가기로 했다. 그 때 작은 여종은 '장군님 혹 선지자님께서 더 힘들고 어려운 것을 시켰어도 따라 하실 터인데 왜 그냥 가나요?'라며 설득을 했고, 그 말을 들은 장군은 여종의 말대로 요단강에 가서 물속에 오랫동안 잠기는 것도, 긴 강을 수영으로 건너는 것도 아닌 그냥 일곱 번 몸을 담그라는 말대로 했는데 정말 그 병이 깨끗이 나았다는 이야기이다.

이 글을 읽으면서 선지자가 '굴속에 들어가서 백일 동안 기도하라'고 했어도 그는 따라 했을 것이고 혹 '굴속에서 하루에 한 끼만 먹으라.'고 했어도 따라 했을 것이다. 그러나 그가 화가 난 것은 너무나 쉽고 누구나 쉽게 할 수 있는 일이었기에 화가 난 것이었다.

우리도 자녀교육을 할 때 '너무나 쉽기 때문에, 다 알고 있는 방법이기 때문에, 전혀 돈이 들지 않아서, 쉬운 방법이지만 실천하지 않고 더 어렵고 비싼 것을 찾아 엉뚱한 곳에 시간과 돈을 낭비하고 있는 것은 아닌가.'하는 생각이 든다.

내 아이를 잘 키우는 것은 비싼 교구도 소문난 학원도 아니다. 바로 나 자신이다. 너무 흔하고 쉬워 보여서 내 가슴속에서 꺼내지도 않은 칭찬과 격려, 그리고 매일매일 반복되는 우리 가정에서의 작은 말 한마디, 작은 행동 하나하나가 모아져서 빌게이츠는 아니지만, 좌우뇌가 균형을 이루고 유기적 네트워크가 좋은 아이, 인정받고 사랑받는 아이를 만드는 것이라는 점을 알아야 한다. 바로 이런 작은 노력들이 정서적으로 불안정한 아이들의 스트레스와 같은 '뿔'을 낮추고 작게 하여 스스로 올바른 인성과 생활습관을 갖게 해주고, 나아가 자존감 있고 자신감 넘치는 아이로 성장되는 것이다. 자녀교육의 시작은 공부를 하고 강의를 듣는 것이 아니라 바로 부모의 작은 변화에서부터 시작된다는 것을 알고 이 책을 통해 작은 실천을 해보는 계기가 되길 바란다.

'아이가 뿔났다' 책을 통해 글 하나하나, 사례 하나하나가 부모에게 교훈이 되고 실천의 지침서가 되어 올바른 자녀 교육에 많은 보탬이 되기를 바라며 이 책의 출판을 거듭 축하드린다.

두뇌학자 홍양표박사

아이가 뿔났다

우리 아이가 인성 좋은 아이가 되었으면…, 우리 아이가 스스로 공부 잘하는 아이가 되었으면…, 그래서 우리 아이가 행복한 아이가 되었으면…, 이것은 부모 모두의 바람일 것이다.

아이들의 뇌는 좌우뇌가 조화로운 네트워크를 이루어야 한다. 그러나 좌우뇌가 불균형을 이루거나 유기적인 네트워크가 불안정하고 조화롭지 않다면 아이들의 뇌는 위와 아래로 높고 낮은 '정서불안정의 뿔'이 만들어진다. 정서가 불안정한 '뿔'이란 스트레스, 산만함, 스크린, 울음, 무기력, 기 죽음, 우울, 집착, 공상, 상상, 불안, 흥분, 틱, ADHD 등 정서를 불안정하게 하는 요인들을 말한다. 정서불안정의 원인이 되는 '뿔'은 아이의 두 뇌발달에 불균형을 만들게 되고, 생각과 행동의 불일치로 인해 올바른 인성을 갖추지 못한 아이로 성장하도록 한다.

유아기 아이들은 좌우뇌가 균형 있게 발달하도록 하여 엄마의 잔소리에 의존하지 않고 올바른 인성과 생활습관을 키워 자존감 있고 자신감 넘치는 아이로 자라게 해야 한다. 더 나아가 인성이 바르고 학습 능력도 좋아 적극적이고 주도적인 성격으로 변화하고 가족과 사회를 배려할 수 있는 글로벌 리더가 되길 기대한다면, 올바른 교육과 가정훈련을 통해 좌우뇌의 불안정한 '뿔'을 제거하고 안정적인 두뇌 네트워크가 되도록 도와주어야 한다.

여러분이 이 책을 끝까지 읽을 때쯤에는 아이를 공부 잘하는 아이로 키운다는 생각에서 벗어나 먼저 올바른 사람으로 키운다는 생각을 갖게 될 것이며 자녀를 위해 부모의 노력이 얼마나 중요한가를 알게 될 것이다. 그리고 현재 만족하지 못했던 아이들에게서 한없이 성장할 수 있는 가능성을 발견하게 될 것이다.

이 책을 통해 자녀교육에 대한 방향을 스스로 정립해보고, 두뇌교육에 관한 지식과 관념을 정정하는 기회가 되길 바라며, 연습 없는 자녀교육, 왕도 없는 자녀교육에 불안해하는 부모님들에게 도움이 되었으면 한다.

끝으로 책이 나올 수 있도록 옆에서 적극적으로 지원해주시고 도와주신 두뇌학자 홍양표 박사님, 현장에서 살아있는 인성교육과 좌우뇌계발교육을 실천하시며 집필에 도움을 주신 유아교육기관 원장님들께 감사의 마음을 전한다.

차례

제 3장 - 아이가 뿔났다.

성격이 뿔났다

제 1 장

난 엄마의 거울이에요

최고의 교육이란 정답은 없어도 해답은 있다. 그 해답은 섣불리 아이들을 도와주거나 가르치려고 하지 말아야 한다는 것이다. 아이들에게 적합한 교육 환경을 제공하고, 두뇌발달에 따라 잠재 능력을 개발하고 이끌어주는 교육, 스스로 할 수 있도록 기다려주는 교육 환경을 만들어주는 것이 아이들을 위한 최고의 교육이 아닐까 한다.

유대인의 아기 목욕 기도문

유대인 엄마들은 기도문을 외우며 아기 목욕을 시킵니다.

얼굴을 씻어주면서 이렇게 기도합니다.

"하나님, 우리 아이의 얼굴은 하늘을 바라보며 하늘의 소망을 갖고 자라게 하소서"

입안을 씻어주면서 이렇게 기도합니다.

"이 아이의 입에서 나오는 모든 말은 복음의 말이 되게 하소서"

머리를 감기면서 이렇게 기도합니다.

"하나님, 우리 아기의 머릿속에는 지혜와 지식이 가득 차게 하옵소서"

손을 닦아주면서 이렇게 기도합니다.

"이 아이의 손은 기도하는 손이요, 사람을 칭찬하는 손이 되게 하소서"

가슴을 닦아주면서 이렇게 기도합니다.

"하나님, 우리 아기 가슴에는 나라와 민족을 사랑하는 마음을 주옵소서"

배를 씻어주면서 이렇게 기도합니다.

"하나님, 우리 아기의 오장육부가 건강하고 튼튼하게 자라게 하소서"

성기를 씻어주면서 이렇게 기도합니다.

"하나님, 우리 아기가 자라나 이 거룩한 성 기관을 통해

거룩한 백성을 만들게 하옵소서. 결혼하는 날까지 순결을 지켜,

하나님이 원하시는 가정을 이루고 축복의 자녀를 준비하게 하소서"

다리를 씻겨주면서 이렇게 기도합니다.

"부지런한 다리가 되어서

온 나라와 민족에 복음을 증거할 전도자의 걸음으로 인도하소서"

엉덩이를 씻어주면서 이렇게 기도합니다.

"교만한 자리에 앉지 않게 하시고 하나님이 원하는 자리에 앉게 하옵소서"

등허리를 씻어주면서

"보이는 부모를 의지하지 않고 보이지 않는 하나님만을 의지하게 하소서"

엄마!
난 행복한가요?

모든 아이들이 행복하게 살 수 있다면 더할 나위 없이 좋겠지만 세상에는 행복을 잘 느끼는 아이들과 그렇지 못한 아이들이 있다. 왜 그럴까? 대체 아이들의 행복이라는 느낌은 어디서 오는 것일까?

첫째, 아이들은 존귀한 인격체로 보는 부모가 되어야 한다.

유니세프에서 발표한 조사 결과 아이들이 가장 행복한 나라는 네덜란드이다. 그러나 폴란드, 이탈리아, 스페인 그리고 미국 등은 아이들의 행복지수가 낮은 하위권 국가들에 속해 있어 사람들에게 충격을 주었다. 네덜란드 아이들의 행복 비결은 과연 무엇일까?

네덜란드에서 만 4세는 상징적인 나이이다. 만 4세가 되면 보조바퀴 없이 자전거를 능숙하게 타는 나이이며 초등학교에 입학하는 나이다. 학교에 입학한 저학년 아이들에게는 교과서가 없으며 선행학습도 있을 리 없다. 만 10세 이하의 아이들에겐 학교 숙제를 아예 금지하거나 제한하는 게 보편적인 사회적 문화이다. 하지만 열두 살이면 대학 진학 여부가 결정되고, 정해진 진로에 따라 중등학교에 진학한다. 대학에 진학해 공부를 할지 아니면 직업을 가질지 정한 후 일찌감치 자신이 그리는 미래를 만들어나가기 시작한다. 그런 까닭에 네덜란드 학생들의 학업 스트레스는 우리보다 훨씬 덜할 수밖에 없다.

그렇다고 학업스트레스 없는 환경만으로 행복이 완성되지는 않는다. 아이들에게 주어진 자유로운 시간이 행복해질 수 있는 건 그 시간을 함께 해주는 부모들이 있기 때문이다. 네덜란드의 아빠들은 주 4일 동안 열심히 일하고 하루 휴가를 내어 아이들과 함께 지내는 '아빠의 날'을 즐긴다. 아빠의 날이 가능한 이유는 법적으로 정해진 노동시간 안에서 자기 시간을 자유롭게 활용할 수 있기 때문이다.

아이들을 위해 '아빠의 날'이란 상징적인 제도를 만들고, 아이들의 행복을 만들어가는 네덜란드의 부모들, 제도적으로 보장된 네덜란드의 노동조건과 아이들에 대한 사회의 의식이 부모와 아이들 모두의 행복으로 연결되는 것이다. 어떤 사회이든 아이들의 행복을 말한다. 그런데 우리는 과연 무엇으로 아이들의 행복을 만들어주려고 하는지 한번 생각해보게 된다.

둘째, 아이들을 남과 비교하며 교육해서는 안 된다.

"장난꾸러기 아들 때문에 걱정이 많은 한 아버지가 있었다. 손수레를 타고 비탈길을 내려오는 놀이를 좋아하는 그의 아들은 운동화 밑창이 금방 닳아버리곤 했다. 그래서 그는 고장 난 세탁기를 중고로 구매하고 아들의 신발을 사주기로 결심했다.

그가 중고 세탁기를 구매하러 찾아간 집은 교외에 위치한 넓고 아름다운 집이었다. 그는 '이런 집에 살면 얼마나 행복할까' 부러워하면서 초인종을 눌렀다. 곧 세탁기를 팔기로 한 부부가 밖으로 나왔다. 세탁기를 저렴한 가격에 구입한 남자는 그들과 이런저런 대화를 나누다가 문득 아이 이야기를 꺼냈다. '저희 집 말썽꾸러기 때문에 항상 걱정이에요. 신발을 험하게 신어서 다 헤어졌어요. 학교 가기 전에 운동화를 사줘야 하는데….' 그러자 부인은 안색이 변하더니 금방이라도 울음을 터뜨릴 기색으로 집 안으로 들어가 버렸다. 영문을 모르고 서 있는 그에게 옆에 있던 남편이 말했다. '저희에게는 딸이 하나 있는데, 태어난 이후로 한 번도 걸은 적이 없답니다. 만약 아이가 신발을 신고 신발 한 켤레를 닳게 할 수만 있다면 얼마나 좋을까'라는 생각에 저러니 이해 바랍니다.'"

우리는 다른 아이가 가진 것을 부러워하지만, 다른 사람들은 우리가 가진 것을 부러워한다는 것을 알아야 한다. 우리는 이미 많은 것을 가지고 있으면서 항상 부족한 것만 생각하고, 다른 아이와 비교하며, 경쟁에서 우리 아이가 우위에 있기를 바란다.

그러나 우리가 알아야 하는 것은 아이들은 저마다 '다른' 두뇌 구조를 가지고 태어난다는 것이다. 아이들은 '좋고 나쁨'이 아니라 '다름'이다. 아이의 뇌와 학습의 그 긴밀하고도 필연적인 관계를 이해하지 못하면 부모로서 결코 아이가 행복해지도록 돕기란 매우 힘들 것이다.

엄마!
날 기다려주세요.

최고의 교육이란 무엇인가?

2007년 M.I.T 로라슐츠(Laura Schulz)와 심리학자 엘리자베스 보나위츠(Elizabeth Bonawitz) 연구팀은 아이들에게 장난감을 보여 주되 다음과 같은 상이한 두 가지 방식으로 진행했다. 한 그룹에게는 어른이 아이들에게 장난감 사용법을 보여주고 가르쳐주었다. 즉 노란색 튜브를 잡아당기면 '쩍쩍' 소리가 난다는 사실을 알려주었다. 다른 그룹에게는 사용법을 모르는 어른이 그냥 장난감을 보여주고 어쩌다 우연히 튜브를 당겨서 '쩍쩍' 소리가 나게 했다. 그런 다음 아이들에게 마음대로 장난감을 갖고 놀 시간을 주었다. 그 결과 첫 번째 그룹의 아이들은 어른이 일러준 놀이 방법을 반복하는 데서 그쳤다. 하지만 두 번째 그룹의 아이들은 첫 번째 그룹의 아이들보다 장난감을 더 오랫동안 만지작거렸고, 우연히 튜브를 당긴 어른의 행동을 따라 하는 것에서 벗어나 그보다 훨씬 더 다양한 놀이 방법을 알아냈다. 사용법을 가르쳐주지 않은 또 다른 대조군에서도 같은 결과가 나왔다.

자세한 설명이 아이들의 호기심과 재미를 해친 이유는 무엇일까? 우리는 아이들에게 장난감, 교구 등을 빨리 배우고 익히도록 직접 보여주고, 자세히 사용법을 설명하려고 하지만 그 모습을 본 아이들은 오히려 모든 것을 알았다고 생각해 스스로 탐색하고 생각하는 뇌의 활동을 중단한다는 것이다. 하나의 정답을 제시해주는 것보다 수많은 정답이 있다는 식으로 설명해줄 때, 아이들은 더 많이 배우게 된다. 아이들에게 더 많은 것을 더 빨리 가르치고 싶다면, 부모들은 전략적인 태도가 필요하다. 아이들은 우리가 지금껏 상상했던 것보다 더 많이 알고 관찰하고 상상하고 배운다는 것이다. 아이들도 하나의 인격체라는 것을 인정해야 하며 섣불리 아이들을 가르치려고 하지 말아야 한다.

또한 지금 내 아이에 대하여 냉정하게 생각해 보아야 한다. 내 아이가 가정에서 더 나아가 학교와 사회에서 가족과 이웃을 돕는 훈련을 일주일에 몇 번이나 하고 있는지 생각해 보아야 한다. 내 아이를 세계적인 인물은 그만두고라도 주변사람들에게 인정받는 아이로 키우고 싶다면 내 아이가 작은 일이라도 스스로의 힘으로 남을 도울 수 있는 일을 찾아보고 그 일을 통해 다른 사람을 돕는 훈련을 시켜야 한다. 부모님을 도와줄 정도의 아이가 되면 자기 주변 사람을 돕는 사람이 되어 있을 것이다. 이런 아이라면 어려서부터 주변에서 인정받을 것이고 어른이 되어서도 당연히 이 사회가 필요로 하는 사람으로 자라게 될 것이다.

최고의 교육이란 정답은 없어도 해답은 있다. 사례를 통해서 우리가 알 수 있는 교훈은 섣불리 아이들을 도와주거나 가르치려고 하지 말아야 한다는 것이다. 아이들에게 적절한 환경을 제공하고, 두뇌발달에 따라 잠재능력을 개발하고 이끌어주는 교육, 스스로 할 수 있도록 기다려주는 교육 환경을 만들어주는 것이 아이들을 위한 최고의 교육이 아닐까 한다.

엄마!
난 사랑받고 싶어요.

옛날에 기어 다니는 앉은뱅이가 있었다. 추운 겨울밤이면 얼어 죽지 않으려고 남의 집 굴뚝을 끌어안고 밤을 보내고, 낮에는 장터를 돌아다니며 빌어먹으며 살아갔다. 그러다 어느 날 장터에서 구걸하는 맹인을 만났다. 동병상련의 아픔이 있었기에 두 사람은 끌어 안고 울면서 같이 살기로 하였다. 앉은뱅이는 볼 수 없는 맹인에게 자기를 업으면 길을 안내하겠다고 하였다. 맹인이 앉은뱅이를 업고 장터에 나타나면, 서로 돕는 모습이 보기가 좋았던 사람들은 두 사람에게 넉넉한 인심을 보냈다. 앉은뱅이와 맹인은 빌어먹고 살기는 했지만 예전보다 살기가 좋아졌다. 그러나 보는 놈이 똑똑하다고 하더니, 점차 위에 있는 앉은뱅이는 맛있는 음식은 골라 먹고 아래에 있는 맹인에게는 음식을 조금만 나누어 주다 보니 앉은뱅이는 점점 무거워지고, 맹인은 점점 몸이 약해져

갔다. 어느 날 두 사람은 시골 논길을 가다가 맹인이 힘이 빠져 쓰러지면서 두 사람 모두 도랑에서 죽게 되었다.

부모와 자녀의 관계도 마찬가지이다. 즉 공생의 관계이지 자식을 위해서라는 이유만으로 아이의 뇌를 혹사시켜서는 결국 공생이 아닌 공멸의 길로 갈 수 있다. 연습 없는 자녀교육! 모든 부모는 앉은뱅이처럼 실수를 할 수 있다는 것이다. 자녀교육은 균형을 잃으면 공멸할 수 있다.

지식 교육을 시작해야 하는 시기는 두뇌교육학적으로 볼 때 위쪽 뇌(두정엽)가 발달하기 시작하는 10세쯤이다. 그전에는 한 인간으로서 인간답게 살아가는데 필요한 두뇌를 만들어야 한다. 이것을 인성교육이라고 한다. 인성의 일차적 의미는 사람의 성품이다. 즉 각 개인이 가지는 사고와 태도 및 행동 특성을 말한다. 그러나 지금 여기서 말하는 인성이란 인간다운 생각과 행동이라 해두자. 우리는 이것을 너무 쉽게 생각하고 너무 작게 생각하여 인성은 누구나 다 가지고 태어나는 것처럼 혹은 어느 집이나 아무렇게 키워도 어른이 되면 만들어지는 것이 인성쯤으로 착각하는 사람들이 너무 많다.

그러나 끊임없이 반복된 훈련만이 올바른 인성을 지닌 사람으로 만들 수 있다. 인성교육을 하는 곳은 유아교육기관이지만 그 지식으로 축척된 아는 뇌를 아이에게 훈련 시켜서 평생 사용할 수 있는 쓰는 뇌를 만드는 곳은 가정이고 훈련시켜야 할 사람은 부모다. 올바른 인성교육을 통해 우리 아이가 많은 사람들에게 존경받는 사람으로 자라게 하려면 알고 있는 작은 것부터 차근차근 실천하고 훈련해서 쓰는 뇌를 만드는 훈련을 시작해야 한다.

우리가 아무리 지식 교육이 중요한 시대를 살아가고, 지식 정보화 시대인 21세기를 살아간다 해도 올바른 인성교육이 뒷받침되지 않으면 어느 곳에 가도 대접받고 환영받는 사람이 되지 못한다. 다시 한 번 앉은뱅이와 맹인의 교훈을 가슴에 새기고, 부모의 욕심을 비우고 자녀의 행복을 채워주는 부모, 먼 훗날 사회인이 되어서 많은 사람들에게 꼭 필요하고 사랑받는 아이가 되도록 해야 한다.

엄마!
난 크면 잘 할 수 있을까요?

미국 중서부에 위치한 콜로라도(Colorado)의 한 봉우리에는 거대한 나무가 쓰러져 있다. 과학자들은 그 나무가 4백여 년간 거기에 서 있었다고 한다. 콜럼버스가 산살바도르에 상륙했을 때 그 나무는 묘목 정도였고 청교도들이 플리머스(Plymouth)에 왔을 때는 반쯤 자랐을 것이다. 그 나무는 긴 세월 동안 살면서 14번이나 벼락을 맞았고 헤아릴 수 없는 눈사태와 폭풍우를 이겨냈다. 그런데 하찮은 딱정벌레 떼에게 공격을 받아서 쓰러져 버렸다. 벌레들은 나무의 속을 파먹어 나무의 버티는 힘을 약화시켰다. 오랜 세월에도 시들지 않고 폭풍과 벼락을 견뎌온 이 거목이 손가락으로 문지르면 죽일 수 있는 작은 벌레들에게 쓰러지고 만 것이다.

거대한 거목이 작은 벌레에 쓰러지는 것처럼 부적응 아이들을 보면, 어떤 큰 문제가 아닌 사소한 작은 문제를 방치하기 시작하면서 그렇게 되는 것이다. 즉 아이들을 양육하는 과정에서 놓치고 지나갔던 문제가 있다는 것을 알 수 있을 것이다. 그러나 대부분의 부모들은 사소한 문제들을 무시하면서 '그래도 우리 아이만은 크면 잘할 거야.'라고 스스로 위안하며 사는 분들이 많은 것 같다.

어려서 나타나는 작은 문제들은 커 가면서 스스로 고쳐지는 것이 아니라 커 가면서 점점 더 심해지는 것으로 보아야 한다. 어려서 하는 좋지 않은 작은 행동들을 무심코 지나쳐 버리게 된다면 이 작은 행동들이 청소년이나 성인이 되었을 때 많은 사람들에게 큰 피해를 줄 수도 있다는 생각을 해야 한다. 어려서 자기 어머니 한 번 도와주지도 않고, 자기 스스로 옷 입고, 밥 먹고, 신발 신는 것 한 번 스스로 해보지 못한 아이가 어떻게 어른이 되면 모든 것을 스스로 잘할 수 있겠는가? 그렇기 때문에 부모는 양육 과정에서 아이들의 문제점을 잘 살피고 꼼꼼히 분석하여 부모가 어떤 부분에서 아이를 도와주는데 부족한지, 자신의 잘못된 생각은 무엇이었는지를 알고 바꾸어서 아이와의 관계를 개선해 나가야 한다.

이런 사소한 작은 것들을 훈련시켜 개선하려고 하면 아이들은 처음에는 반항하지만 점차 아이가 좋아지는 것을 볼 수 있을 것이다. 결국 문제는 아이가 아니었다는 것을 잘 알 수 있다.

사소한 문제를 그렇게 지나쳐버린 부모에게 있었다는 것을 알게 된다.

아이들은 만 3세가 되면 앞쪽 뇌(전두엽)가 발달되는데 이곳에서 하는 역할 중의 하나가 질서다. 그래서 유아교육을 인성교육이라고 한다. 이때 올바른 질서교육과 훈련을 받지 못한다면 평생 주변 사람들에게 인정받고 살기는 힘들 것이다. 그래서 유아교육에서는 학습보다는 인성에 더 비중을 두어야 한다. '세 살 적 버릇이 여든까지 간다.'라는 속담은 정확하게 뇌를 알고 한 말이다. 유아 시기에 올바른 인성교육을 받지 못하면 평생 바른 인격체로 살아가기는 힘들 것이다. 다 그런 것은 아니지만 정상적인 가정보다는 결손가정에서 문제아가 더 많다는 것은 부정할 수 없는 사실이다.

그래서 아이가 바르게 생각하고 행동하는데 장애가 되는 가정환경이 너무나도 많은 것을 필자는 가슴 아프게 생각한다. 아이가 잘못했다고 함부로 화를 내고 윽박지르는 부모, 아이 보는 데서 부부간에 함부로 이야기하고 행동하는 부모, 아이들 듣는 데서 다른 사람을 부정적으로 이야기하는 부모 등이 그런 경우이다. 우리 아이는 옆집 아주머니를 닮는 것이 아니라 나를 닮는다는 사실을 알아야 한다.

제 2 장

좌우뇌에 날개를 달자

아이는 '감정과 본능이 없는 인간'이 아니라 '감정과 본능이 가장 예민한 인간'이라는 사실을 알아야 한다. 감정과 본능을 억누르는 교육 방식으로는 사회 부적응아를 만드는 원인이 된다.

두뇌 발달에 따른 좌우뇌 교육

아이들의 신체적인 뇌의 크기는 유전에 의하여 결정이 되지만 수천억 개의 뇌세포의 수나 뇌세포와 뇌세포를 연결하여 정보를 주고받는 100조개가 넘는 시냅스는 부모의 훈육과 교육방법에 의해서도 달라질 수 있다. 유아기의 뇌의 시냅스 회로는 마치 가느다란 전선줄과 같다. 힘이 없는 가느다란 전선에 과도한 전류를 흘려보내면 과부하 때문에 불이 일어나게 되는 것처럼 유아기에는 시냅스 회로가 아직 가늘기 때문에 과도한 조기 교육을 시키게 되면 뇌에 불이 일어나게 되고 각종 신경정신 문제가 발생할 수 있는 것이다.

아이들의 뇌에 적절한 자극을 주고 적절한 교육을 시킨 아이는 그러한 자극이 없거나 교육을 받지 않은 아이의 뇌와는 확연히 다르다. 따라서 부모가 아이의 잠재력을 찾아 키우는 것이 중요하다. 만 5세 이전의 뇌는 말하자면 '씨앗에 싹이 트고 뿌리를 내리는 뇌'라고 할 수 있다. 만 5세 이전의 뇌에 어떤 자극을 주고 교육을 하느냐에 따라서 뇌의 구조가 달라진다.

따라서 두뇌발달을 알고 그에 따른 뇌 기반 훈련과 과정중심의 적기 교육을 하여야 한다. 아이들의 뇌 발달에 대한 기본적인 지식을 알고 두뇌발달에 따른 효과적인 교육방법이 무엇인지 알아보자.

첫째, 영 유아기(만 0~3세)는 두뇌 씨앗을 튼튼하게 만들어야 한다.

사람은 태어나서 0~3세를 0세 교육이라고 하며 이 시기는 감성과 정서발달이 중요하다. 이 시기에는 시냅스와 신경세포 회로가 일생을 통해서 가장 활발하게 발달하기 때문에 뇌를 튼튼하게 만드는 교육을 해야 한다. 다시 말하면 두뇌의 기초가 되는 씨앗을 튼튼하고 좋은 씨앗으로 만드는 시기이다. 이 시기에 서둘러 가르치고 싶다고 여물지도 않은 씨앗을 땅에 심었다고 가정을 해보자. 다른 씨앗보다 먼저 심었으니 싹은 좀 먼저 나오게 되겠지만 나중에 열매를 맺을 때가 되면 다른 것에 비하여 약하고 결실이 없을 것이다.

영유아 시기는 다른 시기와는 달리 고도의 정신활동을 담당하는 대뇌피질을 이루는 부분, 즉 전두엽, 두정엽, 후두엽이 골고루 발달한다. 그러므로 이 시기에는 다양한 영역의 정보를 왕성하게 전달받을 수 있도록 해야 한다. 그렇기 때문에 0~3세 시기에는 철저하게 씨앗을 튼튼히 만드는 훈련을 해야 하는데 이것을 오감훈련이라고 말한다. 즉, 어느 한 부분의 뇌가 발달하는 것이 아니라 모든 뇌가 골고루 왕성하게 발달하므로 어느 한쪽으로 편중된 학습은 좋지 않다.

오감은 우뇌훈련에 해당되며 이 시기에는 우뇌를 발달시켜야 한다. 오감이란 시각, 청각, 후각, 미각, 촉각 다섯 가지를 말한다. 이 다섯 가지를 다섯 가지 감각이라고 하는데, 이 다섯 가지 감각훈련을 통해 우뇌를 발달시키는 시기가 바로 0~3세 시기이다. 이 시기에는 여러 가지 소리를 들려주는 것도 중요하지만 더 중요한 것은 아름다운 소리를 들려주어야 한다. 우리가 생각하는 아름다운 소리는 물소리나 새소리 일수도 있겠지만 아이에게 있어서는 엄마의 목소리, 아빠의 목소리가 가장 아름다운 소리다. 아이에게 책을 읽어주는 부모의 목소리는 뇌 발달에 가장 큰 자극을 준다. 그리고 자연의 소리 중에서 강하지 않은 부드러운 소리를 들려주는 것 역시 우뇌발달에 효과가 있다. 이 시기의 아이에게 자연의 소리를 최대한 많이 들려주어야 한다. 두 번째는 자주 스킨십을 해주어야 한다. 많이 안아주고 온몸을 마사지 해주어야 하며, 목욕도 자주 해주는 것이 바람직하다. 특히 손과 발바닥은 신체 중 가장 신경이 많이 분포되어 있는 부분이므로 손발을 자주 만져주는 것이 좋다. 오감학습을 통해 두뇌를 골고루 자극할 때 뇌 발달이 효과적으로 이루어진다. 즉 잠깐 스치듯이 지나가는 정보는 시냅스를 만들긴 하지만 곧 없어지고 만다. 꾸준하고 지속적으로 정보를 주어야 신경회로가 튼튼하고 치밀하게 자리를 잡는다. 특히 이 시기에는 감정의 뇌가 일생 중에서 가장 빠르게 그리고 예민하게 발달하기 때문에 사랑의 결핍은 후일 정신 및 정서 장애로 연결되는 경향이 많다.

둘째, 유아기(만 3~5세)는 두뇌씨앗에 뿌리를 내리는 시기이다.

전두엽은 인간의 종합적인 사고와 창의력, 판단력, 주의집중력, 감정의 뇌를 조절하는 가장 중요한 부위일 뿐만 아니라 인간성, 도덕성, 종교성 등 최고의 기능을 담당한다. 이 시기는 앞뇌가 보다 빠른 속도로 발달한다. 그렇기 때문에 만 3세가 되면 유아교육을 시켜야 한다.

만 3세가 되면 뇌는 좌뇌와 우뇌로 분리가 되고 뇌량이 생기게 되는데, 이때부터는 심은 씨앗이 뿌리를 내리는 시기라고 보면 된다. 뿌리가 튼튼하면 바람이 불고 비가 오지 않아 가물어도 오랫동안 견딜 수 있으며 뿌리가 깊이 내리면 많은 영양분을 섭취할 수 있다. 이렇게 뿌리를 깊게 내리는 것을 과정중심교육이라고 말한다. 과정중심교육의 뜻을 알기 쉽게 풀어서 말하면 다음과 같은 방법이라고 할 수 있다. 크게 이 시기의 교재란 그림을 통한 교재를 말한다. 초등학교의 교재는 글자로 되어 있지만 이 시기에는 모든 교재가 그림을 통한 교육이라고 보아도 된다. 아이가 그림을 보고 중얼거리는 것을 가끔 볼 수 있다.

뇌 발달을 단계적으로 크게 나누어보면 0~3세는 오감을 통한 두뇌계발이고 유치원 시기는 그림과 오감을 통한 뇌 발달이며 초등학생은 글자와 오감을 통한 뇌 발달이라고 보면 된다. 오감훈련을 하는 데 있어서 위에서 말한 것 같은 방법을 사용하더라도 아이가 관심을 갖지 못한다면 뇌 발달에 도움을 줄 수 없다. 오감의 조건은 아이가 느껴야 한다는 것이다.

보면서 들으면서 먹으면서 감각으로 느껴야만 효과가 있다. 좌뇌가 발달하기 전 시기에는 우뇌가 느끼는 것이기 때문에 느낌으로 훈련할 수 있는데 뇌량이 형성되고 나면 느끼는 오감과 함께 생각하는 훈련을 해야 한다. 그림을 보면서 생각을 할 수 있도록 해야 하는데 아무리 많은 그림을 보여주고 책을 읽어주어도 아이가 생각하지 않고 보고 듣는다면 이 또한 아무런 효과를 거둘 수 없을 것이다. 생각하도록 유도하는 것이 부모의 몫이라고 할 수 있겠다.

새롭고 자유로운 창의적 지식, 한 가지의 정답보다 다양한 가능성을 지닌 지식을 가르쳐 주는 것이 전두엽 발달에 긍정적 영향을 미친다. 또한 이 시기에 예절교육과 인성교육 등이 다양하게 이루어져야 성장한 후에도 예의 바르고 인간성 좋은 아이가 될 수 있다. '세 살 버릇이 여든 간다.'는 말이 과학적으로 맞는다는 사실이 입증되고 있다. 전두엽 발달은 성인이 된 후에도 계속 발달하기 때문에 나이가 들수록 다른 사람과의 관계 및 인간성이 계속 성숙되어 고상한 품격을 갖추게 된다.

셋째, 초등교육(만 10세까지)은 두뇌씨앗이 꽃을 피우는 시기이다.

초등학생은 글자와 오감훈련을 통해서 두뇌를 훈련해야 한다. 초등학교는 씨앗에 영양분을 주어 꽃을 피우는 시기라고 보면 된다. 책을 한 권 다 읽고 한쪽으로 압축할 수 있는 프로그램을 만들 수 있도록 도와주어야 하고 공부시간에 들은 내용을 1분짜리로 중요한 것만 압축할 수 있는 프로그램을 만들 수 있도록 도와주어야 한다. 3시간 동안 관찰한 내용을 한두 장의 사진으로 압축할 수 있고 이 압축한 것을 풀어서 말이나 글로 옮길 수 있는 프로그램을 만들 수 있도록 도와주는 시기가 바로 초등 저학년 시기이다.

대부분의 어머님들은 초등학교에 들어가면 주입식으로 가르쳐야 한다고 생각하고 프로그램을 만들 수 있도록 아이를 도와주지 않고 주입식 공부를 시키기에만 급급하다. 저학년 때는 부모가 얼마나 적극적이냐가 바로 아이 점수와 비례하기 때문이다. 초등학교 저학년 때 부모가 아이의 뇌 발달을 이해하지 못하고 엄마의 기준으로 아이를 교육해야 하는 것이라고 착각하는 경우가 많다. 이렇게 최적화 두뇌프로그램을 만들 수 있도록 도와주지 못하는 상황 속에서, 스스로 해야 하는 만 10세 이후가 되면 책을 열심히 읽고도 독서 감상문을 쓰려면 다시 책을 펼쳐 놓고 베끼는 아이가 된다. 책을 읽고도 한 장으로 압축하는 프로그램이 없으니 당연히 책을 베껴야 할 것이다.

초등학생쯤 되면 지금까지의 부모교육이 어떠했는가에 따라서 생각하는 깊이가 다른 것을 잘 알 수 있다. 학년이 올라가면서는 생각하는 깊이의 차이가 성적으로 나타나기 때문에 쉽게 알 수 있다.

초등학교 저학년 때는 생각의 깊이 차이가 성적으로 나타나지 않기 때문에 부모들이 대수롭지 않게 생각하기 쉽다. 초등학교 저학년 때 책 읽는 습관을 어떻게 길들여 주었는가에 따라 학습능력의 차이로 나타난다. 책을 어떤 방법으로 읽었느냐가 성적과 직접적인 관계가 있다고 보아도 된다. 어려서부터 많은 책을 읽히는 것도 중요하지만 어떻게 읽히는가는 더 중요하다.

초등학교 고학년도 간단한 글을 읽어보도록 하고 읽은 내용을 말해보도록 하면 한 줄도 말하기 힘들어 한다. 왜 몇 줄 안 되는 쉬운 글을 한 줄로 요약하여 말을 못하는 것일까? 이는 가장 중요한 것이 하나 빠져있기 때문이다. 글자를 눈으로 정확하게 보는 것도 중요하고 말하듯이 큰소리로 읽는 것도 중요하지만 더 중요한 것은 눈으로 본 글자 내용을 머리로 생각해야 한다는 사실이다. 아이들이 글자 내용을 머리로 생각하지 않기 때문에 읽은 내용을 알지 못하는 것이다. 왜 이런 현상이 나타나는가?

책을 가까이 하지 않은 이유도 있겠지만 처음 책을 대할 때 그 방법이 잘못되었기 때문이다. 한글도 제대로 알지 못하는 아이들에게 글자가 있는 동화책을 들이밀고 읽어라 하면 아이의 생각은 온통 잘 모르는 글자에 가 있게 된다. 책 내용은 어떤 내용인지 알지 못하고 글자에만 신경 쓰면서 읽는 습관이 들어버리게 된다.

또 처음부터 책을 전집으로 사주게 되면 아이는 그 중 재미있는 책만 골라서 보게 되는데, 이때 책을 조금보다 싫증나면 다시 다른 책을 보고 또 싫증나면 다른 책을 보게 되어 건성으로 읽는 습관이 들게 된다. 너무 많은 양의 책읽기를 과제물로 내주게 되는 경우도 책을 깊이 읽지 못하고 빨리 읽으려고 하게 되는데, 이러한 경우에도 책을 건성으로 읽는 아이가 된다.

처음부터 너무 많은 책을 읽도록 하는 것보다는 어머니가 먼저 아이가 읽을 책을 미리 읽고 책의 내용을 알아 두어 아이와 책 내용을 가지고 대화를 나누어야 한다. 대부분의 어머님은 아이가 책을 읽고 나면 읽은 내용을 말해보라고 한다. 논리적 사고력이 아직 발달 단계에 있는 아이들에게 이러한 어머니의 지시는 아이에게 큰 부담을 주게 된다. 이로 인해 책읽기를 기피하는 현상까지 나타날 수 있다.

책의 내용을 가지고 아이와 함께 서로 생각을 말해보고 내용을 여러 가지 각도에서 생각하고 이야기 해본다면 이 아이는 책을 읽으면서 여러 가지 각도에서 책의 내용을 생각하면서 읽는 습관이 들 것이다. 이런 습관이 든 아이들은 시험문제를 건성으로 읽어서 틀리는 경우는 없다. 시험을 볼 때 문제를 건성으로 읽어 자주 틀리는 아이들은 대부분 책을 건성으로 읽는 아이들이라고 보아야 할 것이다. 이런 아이들에게는 책을 큰

소리로 읽는 훈련을 시켜야 한다. 책 한 권을 다 읽히려고 하지 말고 힘닿는 데까지만 읽도록 하고 읽은 내용까지 만을 가지고 이야기해 보고 뒷부분이 어떻게 전개될 것인지에 대하여 상상해 보게 하라. 내용을 바꿔서 생각해 보게 하면서 읽은 시간 보다는 읽은 내용을 가지고 생각하고 대화하는 시간에 더 많은 비중을 두어야 할 것이다.

많은 어머님은 자녀가 책을 많이 읽는 모습에서 위안을 느끼고 기뻐하는데 책을 많이 읽는 것보다는 책 한 권을 읽더라도 깊이 생각하며 읽는 것이 더 중요하다.

뇌의 날개
BGA두뇌종합검사

IQ 검사라는 말이 사용된 것은 약 100년 전 쯤 부터이다. 학습부진아를 찾아내기 위해 만들어진 검사가 지금 사용되고 있는 IQ 검사라는 것이다. 그 뒤 미국의 하워드 가드너(Howard Gardener)박사는 IQ 검사를 두뇌 전체적인 검사로 인정할 수 없다며 '다중지능 이론'을 발표하게 되었다. 즉 운동을 잘하는 것도, 음악을 잘하는 것도 IQ라는 이론을 주장하게 되었고, 이것이 유아교육계에 잘 알려진 가드너의 다중지능 이론이다.

그렇다. 두뇌는 공부하는 뇌로만 이루어진 것이 아니다. 운동하는 뇌로만 이루어진 것도 아니며 세상을 살아가는데 필요한 모든 것이 두뇌라고 보면 될 것이다.

BGA 두뇌종합검사는 1981년 노벨생리·의학상을 수상한 미

국의 신경생물학자 로저 스페리(Roger Sperry)박사의 분할
뇌 이론에 의해 좌뇌와 우뇌로 두뇌 우위 선호도를 나누고, 좀
더 나아가 가드너의 다중지능 이론에 근거하여 좌뇌와 우뇌를
각각 4가지씩 분리해서 두뇌를 8개 영역으로 나눈 두뇌종합검
사다. 좌뇌는 추상력, 언어사고력, 수리력, 추리력으로 나누어
언어적인 것, 학습적인 것, 논리적인 것을 검사하고 우뇌는 협
응력, 구성력, 시각적통찰력, 지각속도력으로 나누어 성격적인
것, 정서적인 것, 관계성과 인성을 검사한다.

　1980년대 후반에 들면서 IQ 검사는 전성기를 맞았다. 학교
에서도, 사회교육기관에서도 검사를 하기 시작했고, 이때 우리
에게 보편화된 것이 수치였다. IQ가 얼마냐가 중요한 과제였다.
그 뒤 90년대 후반에 접어들면서 이러한 수치에 의문을 품기
시작하면서 점차 검사가 없어지기 시작했고, 2000년대 초반부
터 과학과 의학에 기초한 검사가 다시 활개를 치기 시작했다.
좌우뇌 검사, 의학적으로 뇌 속을 촬영하여 볼 수 있는 영상과
뇌파 검사, 지문 검사 등 다양한 검사들이 학부모의 마음을 사
로잡기 시작했다.

　1990년대 초반 로저 스페리 이론에 근거하여 두뇌는 크게
좌뇌와 우뇌가 반드시 유기적인 네트워크가 이루어져야 좋은
뇌라는 것을 알게 되었다. 더 나아가서는 좌우뇌 8개의 두뇌 영
역이 각자가 아니라 하나의 그룹을 이루어 몸을 지배하기 때문
에 각 기관들이 적절하게 네트워크가 이루어져야 뇌를 바르게

쓸 수 있다는 것을 알게 되었다. 두뇌학자 홍양표 박사는 IQ의 수치보다는 뇌 구조가 어떻게 연관되어 있는가가 더 중요하다는 사실을 알고, 새로운 접근법으로 상담 방법을 연구하게 되었으며, 이것이 지금의 BGA 상담법이 된 것이다. BGA 검사의 이론적 배경은 크게는 로저 스페리의 분할 뇌 이론이며, 구체적으로는 가드너의 다중지능 이론이라고 할 수 있다.

좌뇌와 우뇌가 뇌량 다발로 연결되어 있듯이 좌뇌 중에서 추상력, 언어사고력, 수리력, 추리력은 벽으로 막아 놓은 것처럼 나누어져 있는 것이 아니라 모두 연관되어 있다. 이러한 것들이 서로 밀접한 관계를 이루며 영역별 뇌가 서로 잘 연관되어 있어야 한다. 서로 연관되어 있지 못하면 생각은 있으나 말로 표현하지 못하는 아이가 된다.

두뇌는 각자 다른 기능을 갖고 있어서 어느 한 가지 특정 뇌 기능의 높낮이만을 가지고는 그 사람의 성격이나 성적 등을 상담할 수가 없다. 특히 유아기 때 두뇌 검사는 더욱 조심스럽다. 아직 발달 단계에 있는 아이들을 검사하는 것이어서 특히 그렇다. 이런 아이들에게 IQ 검사를 하는 것은 의미가 없다. 만 10세 이후에 즉 뇌의 발달이 90% 정도 진행된 뒤에 검사를 하는 것은 바람직하다. 이때도 문제는 있다. 예를 들어 IQ 검사는 100미터 달리기를 하고 순위를 정해서 100명 중에 1등은 IQ 수치가 130, 1,000명 중에 1등을 하면 140이며 100명 중에 50등을 하는 이는 IQ 수치가 106정도가 된다. 결국 IQ 검사를 제대로 하려면 100미터 달리기를 다 마친 후에 등수를 수치로 전환해야 되는데 유치원생들은 이제 겨우 20~30미터 정도를 달린 아이들이다. 그런 아이들을 보고 1등이라 130이고, 너는 50등이라 106이라고 말할 수 없다.

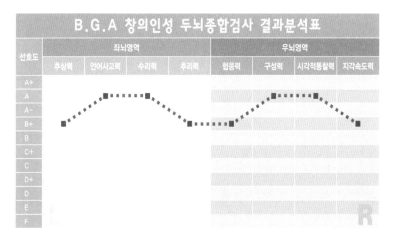

그럼 BGA두뇌종합검사는 무엇을 검사하는 것인가?

BGA(Brain General Analysis)는 두뇌종합분석이라는 뜻으로 이렇게 생각하면 이해가 쉬울 것이다. 달리기를 하는 아이들을 한 사람 한 사람씩 비디오카메라로 촬영하여 달리는 모습을 분석해 달리는 모습에 문제가 있는 아이들을 발견하는 시스템이다. 어떤 아이들은 잘 달리고는 있지만 알고 보니 엄마가 손을 잡고 달리고 있는 아이들이 있다. 엄마가 다 도와주니 잘하는 것처럼 보이는 아이들인 것이다. 달리기를 하는데 손을 내리고 달리는 아이들, 한쪽 신발을 들고 달리는 아이도 있을 것이고, 뒤를 돌아다보며 달리는 아이도 있을 것이다. 이렇게 한 사람 한사람 달리는 모습을 찍어 분석한 것을 BGA라고 할 수 있다.

　BGA 검사는 개인평가이기 때문에 내 아이가 어떤 모습으로 달리고 있는가를 보는 것이지 다른 아이보다 수치나 그래프가 높은가 낮은가를 보는 것이 아니다. 이렇게 정확한 검사가 이루어지고 나면 이를 근거로 해서 각자 개인에 맞는 훈련 및 교육방법을 제시해 준다. IQ검사는 키가 얼마나 자랐는지를 검사하는 것이라면 BGA 검사는 종합검진을 해서 앞으로 키가 크기 위해서 신체의 어디가 약하고 어디는 강한지, 부분적으로 어떤 운동이나 음식이 아이에게 도움을 줄 수 있는지 검사하고 상담해 주는 것으로 이해하면 좋을 것 같다.

좌우뇌 성향검사

본 검사는 약식 검사이다. 정확한 검사는 BGA 두뇌종합검사를 받아야 한다.
각 문항을 읽어 보고, 자신이나 자녀의 평소 행동에 따라 간단히 '그렇다'와 '아니다'로 답하면 된다.

문항		
1. 처음 본 사람의 이름을 잘 기억하는 편이다.	○ 그렇다	○ 아니다
2. 다른 사람들보다 말을 잘 하는 편이다.	○ 그렇다	○ 아니다
3. 노래(동요)를 들으면 가사를 잘 기억한다.	○ 그렇다	○ 아니다
4. 한 번 들은 이야기를 정확하게 기억해 낸다.	○ 그렇다	○ 아니다
5. 늘 해오던 놀이나 활동도 싫증내지 않고 즐긴다.	○ 그렇다	○ 아니다
6. 어떤 일을 할 때 계획을 세우고 계획대로 실천하기를 좋아한다.	○ 그렇다	○ 아니다
7. 말하고 글 쓰는 것을 좋아하고 상황 설명을 잘한다.	○ 그렇다	○ 아니다
8. 자기의 기분이나 감정을 별로 내색하지 않는다.	○ 그렇다	○ 아니다
9. 한 가지 장난감이나 게임도 오래 가지고 논다.	○ 그렇다	○ 아니다
10. 길을 잘 찾지 못하고 자주 헤맨다.	○ 그렇다	○ 아니다
11. 처음 본 사람의 얼굴이나 모습을 잘 기억하는 편이다.	○ 그렇다	○ 아니다
12. 크기나 길이 등을 말할 때 손동작을 한다.	○ 그렇다	○ 아니다
13. 노래를 들으면 리듬과 멜로디를 잘 기억한다.	○ 그렇다	○ 아니다
14. 자기가 직접 했던 일을 잘 기억하는 편이다.	○ 그렇다	○ 아니다
15. 다른 사람들이 생각지도 않은 엉뚱한 행동이나 생각을 할 때가 종종 있다.	○ 그렇다	○ 아니다
16. 재미있는 말이나 행동으로 다른 사람을 잘 웃긴다.	○ 그렇다	○ 아니다
17. 그림 그리기나 만들기를 좋아한다.	○ 그렇다	○ 아니다
18. 좋은 일이 있으면 어쩔 줄 모르고 표정에 잘 나타난다.	○ 그렇다	○ 아니다
19. 새로 나온 장난감이나 게임은 곧바로 사달라고 한다.	○ 그렇다	○ 아니다
20. 공상을 자주 하며 상상의 이야기를 잘 지어낸다.	○ 그렇다	○ 아니다

1번~10 번까지 '그렇다'의 개수 (   ) // 11번~20번까지 '그렇다'의 개수 (   )

- 좌뇌 성향 : 1번 ~ 10번까지의 '그렇다' 수가 11번~20번의 수보다 3개 이상 많을 때
- 우뇌 성향 : 11번 ~ 20번까지의 '그렇다' 수가 1번~10번의 수보다 3개 이상 많을 때
  예를 들어
  1~10번까지의 '그렇다' 8개 11~20번까지의 '그렇다' 4개, 8-4=4, 3이상이므로 좌뇌성향이다.
- 전뇌형 : '그렇다'의 개수 차이가 0~3일 때, 많은 쪽 뇌의 성향을 가진 전뇌형으로 구분
  1~10번까지의 '그렇다' 7개 11~20번까지의 '그렇다' 6개, 7-6=1, 좌뇌가 +1많으므로 좌뇌선호전뇌형이다.

좌우뇌는
통(通)해야 한다

좌뇌	우뇌
추상력	협응력
언어사고력	구성력
수리력	시각적통찰력
추리력	지각속도력
좌뇌 사고 · 언어 · 학습(공부)	**우뇌** 감정 · 이미지 · 사회성(관계)

사람의 뇌는 좌뇌와 우뇌로 분리되어 있으며, 좌뇌와 우뇌를 동시에 같이 쓰지는 못한다. 좌뇌가 열릴 때는 우뇌는

닫히게 되고, 우뇌가 열리면 좌뇌가 닫히게 된다. 좌뇌와 우뇌의 보이지 않는 조화로운 소통이 아이들의 좋은 인성과 학습능력을 만든다.

어느 날 희귀한 혈액형을 가진 아이가 수술을 받기 위해 수술실로 들어갔다. 하지만 피가 모자라 생명까지 위협하는 상황이 닥쳤고, 급히 수소문했지만 구할 수 없었다. 다행히 어린 동생이 같은 혈액형을 가지고 있었고, 상황이 너무 급해 그 아이에게 혈액을 얻고자 했다. 의사가 물었다.

"얘야, 지금 형이 몹시 아프단다. 어쩌면 하늘나라로 갈지도 몰라. 그러지 않기 위해서는 너의 피를 형에게 좀 주어야 해. 조금 아플지 모르지만 그러면 형이 다시 살 수 있단다. 할 수 있겠니?"

아이는 한참 동안 고개를 숙이고 생각하더니 끝내 고개를 끄덕였다. 그리고 주삿바늘을 뽑고 피가 나는 것을 물끄러미 쳐다보던 아이는 끝내 울음을 터뜨리며 부모를 쳐다보았다. 부모는 아이를 달랬고, 혈액을 다 뽑은 후에 주삿바늘을 뺐다. 그런데 바늘을 빼자 아이는 울음을 그치더니, 눈을 감고 일어나지 않았다. 의사가 물었다.

"얘야 다 끝났다. 근데 왜 눈을 감고 일어나지 않니?"

"하늘나라에 갈 준비하고 있어요."

주변 사람들 모두가 놀랐다. 아이는 헌혈을 해본 적이 없기 때문에, 자신의 몸에서 피를 뽑아 형에게 주면 자신은 곧 죽는다는 걸로 생각한 것이다. 의사가 다시 말했다.

"애야 그럼 넌 네가 죽는 줄 알면서도 피를 뽑아 형에게 준다고 한

 거니?"

"네, 전 형이 너무 좋거든요."

모두가 아무 말 못하고 울고만 있었다.

　사람을 이해하고 배려할 줄 아는 아이로 키운다면 세상은 얼마나 아름다울까. 아이들을 교육하고 훈련하고자 하는 이유가 바로! 좌뇌와 우뇌의 조화로운 소통이 이루어지는 아이들을 만들기 위해서이다.

성격적으로 좌뇌와 우뇌는 어떤 기능을 하는지 알아보자.

　좌뇌가 우뇌보다 높은 사람은 세상을 좌뇌로 바라보고 좌뇌로 생각하고 행동한다. 그래서 좌뇌적인 사람을 고지식하고 융통성이 없다고 말한다. 예를 들어 엄마가 밖에서 기분이 나빠 들어왔을 때 좌뇌가 높은 아이는 고지식하고 눈치가 없어서 기분이 나쁜 엄마를 귀찮게 쫓아다니며 잔소리를 하다 혼이 난다. 그러나 우뇌적인 감각이 있는 아이는 이때 어떻게 해야 하는지 우뇌가 판단해서 일단 자리를 피하고 보는데, 좌뇌는 고지식해서 그런 명령을 내리지 못하여 결국은 크게 혼나게 된다. 그러나 우뇌로 행동하는 아이들은 엄마가 화가 나 있으면 평상시 안 하던 행동을 하게 된다. 큰소리로 책을 읽거나 집안 정리를 한다든지 갖은 애교를 부리게 된다. 이것은 어느 쪽 뇌로 생각

하고 행동하는가에 따라서 다르기 때문이다.

좌뇌가 두뇌를 지배하는 아이들은 고지식하고 융통성이 없는 반면 논리적이고 이성적이다. 친구들도 자기 맘에 들어야 하며 자기 주관이 뚜렷하다. 그리고 욕심이 많아 습관만 잘 들여놓으면 자기 할 일은 스스로 한다. 우뇌 편향적인 아이는 감각적이다. 창의성 및 예술성이 뛰어난 특징을 갖는다.

앞에서 살펴보았듯이 좌뇌, 우뇌는 다른 특징을 갖고 있다. 따라서 어느 한쪽만 편향적으로 계발되는 것은 문제가 있다. 상호 보완적일 때 최상의 결과가 나올 것이다. 좌뇌의 특징인 논리와 이성이 바탕이 된 창의성은 빛을 발할 것이고, 우뇌의 특징인 감각에 기초한 실력 역시 마찬가지의 결과를 낳을 것이다. 우뇌가 발달한 아이는 감정이 풍부하여 안정감을 갖고 학습에 임할 수 있으며 좌뇌 선호형 아이는 합리적이어서 학습 능력이 뛰어날 확률이 높다. 어느 한쪽도 소홀히 할 수 없다는 것이다. 여기서 좌뇌적인 사람과 우뇌적인 사람이 가진 특징을 조금 더 알아보자.

좌뇌적인 사람을 대할 때는 작은 실수라도 하지 않도록 조심해야 한다. 어떤 일을 설명할 때 자세하고 정확하게 말이나 글로 설명해 주어야 한다. 우뇌적인 사람을 상대할 때는 상대방으로 하여금 좋은 느낌을 받을 수 있도록 행동해야 하며 그림이나 물건을 직접 보여주며 설명을 해야 이해가 빠르다. 좌뇌적인 사람은 선물도 실속 있는 것으로 하되, 우뇌적인 사람은 꽃처럼 감성적인 부분으로 접근을 해야 한다. 우뇌적인 사람은 정에 약하다.

좌뇌적인 사람은 정보다는 철저하게 체계적이고 논리적인 면을 먼저 보게 된다. 우뇌가 지극히 발달한 사람들이 예술가형이다. 예술을 하는 사람들은 겉으로 보아서도 예술을 하는 사람이라는 것을 한눈에 알 수가 있다. 남자들도 머리를 길게 늘어뜨린다거나 옷도 정장보다는 독특한 옷을 많이 입는다. 예술가는 남들이 생각하지 못하는 것들을 생각하고 현실로 옮길 수 있는 사람들이다. 어찌 보면 현실감각은 좀 떨어질 수도 있다. 예술을 하는 사람들을 보면 재주는 곰이 넘고 돈은 누가 번다는 속담처럼 돈 버는 쪽에는 약할 수밖에 없다.

학습적으로 좌뇌와 우뇌는 어떤 기능을 하는지 알아보자.

좌뇌는 언어, 즉 말하고 읽고 쓰는 활동을 다스리며 논리적이고 계산적이기 때문에 '적당히'를 허용하지 않고 꼬치꼬치 부분적으로 파고들어 간다.

또한 어려운 수학문제를 해결하는데 필요한 논리적이고 분석적인 사고는 좌뇌에서 담당한다. 문제를 부분적으로 나누어 순서에 따라 논리적으로 해결해 나간다. 좌뇌는 정보를 동시에 수용하기보다는 부분에서 전체로 하나하나씩 축적하는 방법을 택하며, 어떤 상황에서도 핵심을 정확하게 파악하고 진지하고 신중하게 접근하여 더 나은 방법을 찾는다. 또한 은유법이나 추리를 거의 하지 않고 사실 그대로의 뜻만 해석한다. 즉 좌뇌가 높은 아이들은 체계적, 순서적, 논리적이며 학업 성취에서 높은 잠재력이 있으나 융통성이 부족하고 고집이 세어 통제하기가 힘들기도 하다.

우뇌는 단어를 통해서가 아니라 이미지를 통해서 사물을 인식한다. 따라서 미술 전시관이나 자연 속에서 자극을 많이 받게 된다. 또한 위치와 공간적 관계에 대한 정보는 우뇌에서 처리된다. 밤에 갑자기 정전이 되어도 헤매지 않고 물건을 찾을 수 있는 것도 퍼즐 맞추기 놀이를 잘 할 수 있는 것도 우뇌가 있기 때문이다. 우뇌는 논리적으로 정보를 분석하기보다 직감, 영감, 느낌, 시각적 영감 등을 근거로 정보를 순간적으로 받아들이며, 한 가지씩 일을 처리해 나가기보다 많은 정보를 동시에 처리하고 문제를 전체적으로 본다. 높이 나는 새가 먼 곳을 바라볼 수 있듯이 우뇌를 계발하면 학습에 많은 도움이 될 것이다. 우뇌는 두뇌 속에 저장되어 있는 정보들을 결합시켜 새로운 형태의 이미지를 만들어 내는 창조적 활동의 보고이며, 이미지로 표현할 수 있는 그림 그리기, 조각하기, 연기 등은 우뇌의 능력이다.

우뇌가 높은 아이는 창의적이고 예술적인 감각을 갖고 있으며 남을 배려하고 도와주는 정도 있고 다른 사람을 생각해 주는 넓은 마음과 잠재력 있다. 눈치가 있어 사람들과 대인관계를 잘 한다. 그러나 노는 것에 너무 치중하여 학습에 지장을 줄 우려가 있고, 생각보다 행동이 앞서는 경향이 있어서 엉뚱하다는 소리를 들을 수 있다.

즉 좌뇌적인 사람은 충분히 언어를 사용하여 설득하여야 이해가 빠르며 우뇌적인 사람은 언어로 설득하는 것보다는 그림이나 사물을 보고 이해를 시키는 것이 빠르다. 우뇌가 좋은 사람은 사람의 이미지라 할 수 있는 얼굴을 잘 기억하고 처음 만났을 때 옷이라든가 그 사람에게서 풍기는 이미지를 잘 기억하지만 좌뇌적인 사람은 그 사람의 이름이나 하는 일 혹은 경력 등을 잘 기억한다. 이와 같은 이유로 우뇌를 '이미지 뇌', 좌뇌를 '언어 뇌'라고 부르기도 한다.

해부학상에서 좌뇌와 우뇌의 차이를 발견한 사람은 로만 카순터라고 하는 미국 신경학자이다. 그는 죽은 사람의 뇌를 세밀히 비교하여 좌우 비대칭성으로 존재하는 사실을 발견하였다. 그리고 '측두 평면'이라고 일컫는 부위, 즉 좌뇌에서 두드러지게 큰 이 부위는 언어와 크게 관련이 있음을 밝혔다.

우리의 모든 인체 동작을 관찰하면 우뇌는 뇌의 우반구이고, 신체 좌측의 감각과 운동을 통제한다. 상대적으로 좌뇌는 뇌의 좌반구이며 신체 우측의 기능을 통제한다. 예를 들어 오른쪽으로 보인 사물에 대하여는 뇌량을 통해 좌뇌에 전달하는 것이며, 왼쪽 눈으로 본 사물은 우뇌에 전달되지만 이것은 곧 뇌량을 통하여 좌우뇌에 연락한다. 그러나 인간의 언어기능은 좌뇌에 속한다. 우뇌는 이미지, 공간성 명령을 처리하는 등의 기능을 가진다. 좌우뇌는 다른 기능을 가지고 있어서 서로 사고와 의식의 종합적인 활동을 진행한다. 예를 들어 구상이나 사고의 측면에서 보면 우뇌형 사고는 '유추형 사고'라고 부를 수 있으며, 좌뇌형 사고는 '수위형 사고'라고 할 수 있다. 소위 유추는 마치 시계의 바늘과 같아서 계속해서 평온한 표현을 명령한다. 수위 측면에서 말하면 전자시계와 같아서 수나 양 등을 명령하며 각 수에 따라 명확하게 구분한 후에 연속되지 않은 형태로서 표현하는 방식이다. 예를 들어 지금 나의 감정이나 몸으로 느끼는 날씨 혹은 사물을 만져본 느낌과 같이 정확한 수치나 언어로 표현하기 힘든 것들은 우뇌에서 처리한다.

좌우뇌는 8개 영역으로 이루어져 있는데, 좌뇌는 학습 영역인 추상력, 언어사고력, 수리력, 추리력의 뇌기능을 담당하고 있으며 우뇌는 인성 영역으로 협응력, 구성력, 시각적통찰력, 지각속도력의 기능을 한다.

좌우뇌 교육 훈련방법

좌뇌훈련

- 일상적인 대화를 많이 나누고 소통한다.
- 일(학습)의 순서를 정해서 하게 한다.
- 한번 말한 것은 반드시 실천하게 한다.
- 다음날 할 일(학습)에 대해서 계획을 세우도록 한다.
- 책(교과서)을 바른 자세로 읽고 큰 소리로 낭독하게 한다.
- 책(교과서)을 많이(낮, 수면 전) 읽어 독서에 흥미를 갖도록 한다.
- 사물과 단어(한글, 한자)의 뜻을 찾아보게 하여 어휘력을 키운다.
- 실생활에서 수의 개념(측정, 규칙성, 도형 등)을 익히도록 한다.
- 깨끗하게 노트 필기를 하고, 메모하는 습관을 들인다.
- 보고, 듣고, 읽은 것을 말과 글로 표현해보게 한다.
- 현장학습, 체험학습 후에 말과 글로 정리하도록 한다.
- 일기(그림)를 순차적으로 정성껏 쓰도록 한다.
- 독서 감상문과 기행문을 쓰도록 한다.
- 우측 신체를 많이 쓰도록 한다.

우뇌훈련

- 자주 안아주고 보듬어주며 스킨십을 해준다.
- 친구와 서로 협동, 협력하며 잘 어울려 놀도록 한다.
- 상대방을 존중하고, 배려하고, 양보하는 훈련을 한다.
- 상대방의 감정을 공감하고 느낌으로 표현하는 훈련을 한다.
- 맛과 냄새를 맡아보고 여러 가지 맛과 냄새에 대해 이야기한다.
- 눈과 귀로 보고 들은 것을 그려보고 기억해보도록 한다.
- 책을 읽으며 다음 내용을 자유롭게 꾸며보게 한다.
- 음악을 많이 들려주고, 율동(연주)과 노래를 해보게 한다.
- 어떤 모양이나 모습을 신체를 통해 표현해보게 한다.
- 산책을 하고 음악을 듣고 깊은 명상을 한다.
- 일(학습)을 스스로, 자기 주도적으로 할 수 있도록 한다.
- 새로운 것(모험, 캠프, 체험 등)을 시도할 수 있도록 한다.
- 봉사활동에 참여하여 존중, 사회성, 이타심을 키워준다.
- 좌측 신체를 많이 쓰도록 한다.

생각의 날개를 달자

추상력

추상력은 생각하는 힘이다. 즉 복잡하고 다양한 정보를 분석, 분류하여 간단한 특성만을 정리하고 요약해서 논술하는 능력이다. 그러므로 추상력이 발달할수록 지적인 사고능력과 이해력이 뛰어나다. 다음 이야기를 통해 추상력에 대해서 한번 생각해보자.

어느 장사꾼이 잃어버린 낙타를 찾아 헤매다 한 젊은이와 마주쳤다. 장사꾼이 젊은이에게 낙타를 본 적이 있느냐고 물었다. 젊은이는 장사꾼에게 말했다. '혹시 찾는 낙타는 오른쪽 눈이 안 보이고 왼쪽 앞발을 못 쓰고 앞니가 부러지지 않았나요? 낙타 등 한쪽에는 밀가루를 지고, 다른 쪽에는 꿀을 지고 가던 길이 아니었나요?' 장사꾼은 다짜고짜 젊은이를 도둑으로 신고했다. 재판관이 젊은이에게 물었다. '어찌 훔치지 않았다면 낙타의 모습을 세세하게 알고 있는 것이냐?' 이에 젊은이는 재판관 앞에서 말했다. '낙타가 길 한쪽의 풀만 뜯어먹은 흔적을 보고 오른쪽 눈이 없다는 것을 알았고, 모래에 난 두 발자국의 깊이가 서로 달라 왼쪽 앞발을 저는 것을 알았고, 뜯어먹은 풀잎의 가운데 부분이 그대로 있으니 앞니가 부러졌음을 알았죠. 또 길 한편에는 밀가루가 흩뿌려져 그 위에 개미가 달라붙어 있었고, 한쪽에는 꿀이 흘러 파리가 들러붙었으니 밀가루와 꿀을 싣고 가던 길인 줄 알았습니다. 하지만 낙타의 앞뒤에 사람 발자국이 없으니 그 낙타는 누가 훔쳐 간 게 아니고 길을 잃고 헤매고 있는 게 분명하다고 생각했습니다.' 재판관이 되물었다. '당신은 어떻게 그런 걸 다 보았소?' 젊은이는 대답했다. '제가 본 것을 잘 생각했기 때문이죠.'

젊은이가 낙타의 특성을 분석, 분류하여 핵심적인 특성만을 정리하고 요약해서 표현한 능력은 바로 추상력에 기인하는 것이다. 생각하고, 또 생각하고, 답을 얻을 때까지 생각하는 능력이 바로 추상력이다. 아이디어는 통찰에서 나오며, 통찰은 깊이 있는 관찰과 끊임없이 '왜?'라고 하는 질문에서 시작된다.

추상력이 좋은 아이들은 어떤 특징을 가지고 있는지 알아보자. 추상력이 좋은 아이들은 평이한 가운데서도 잘 보이지 않는 특성을 잘 파악하는 능력이 있다. 또 아무리 복잡하고 다양해도 잘 분석하고 분류하여 그 핵심적 특성을 잘 파악한다. 따라서 복잡하게 얽힌 문제나 다양한 문제를 간단히 풀어 가는 능력이 있으며 여러 가지 생각을 글로 옮기는 능력이 뛰어나다. 그러나 추상력이 언어사고력보다 높으면 공상, 상상이 많은 아이가 된다.

추상력이 낮은 아이들의 특징

"엄마~ 책 읽기 싫어~", "엄마~ 싫어~ 싫어~ 나가서 놀 거야~", 늘 생각하는 것을 싫어하고, 책을 읽어주면 얼마 지나지 않아 "엄마 물~", "엄마 화장실~"하며 집중하지 못하는 아이들이다. 잘 보고, 잘 듣고, 잘 읽는 깊이 있는 생각을 하는 뇌의 힘이 약한 아이들이다.

추상력이 낮은 아이들은 생각하고 글쓰기를 싫어한다. 그리고 생각하고 행동하는 것이 나이에 비해 떨어지고, 지나치게 단순하다는 특징이 있다. 이런 아이들은 사고와 행동이 감각적이어서 복잡한 것에 대하여 쉽게 싫증을 느낀다. 조금만 복잡해도 골치 아파하며 책 읽기를 싫어한다. 추상력이 약하면 아이가 깊은 사고를 할 수 없어서 말도 깊이가 없는 말만 하게 된다. 좀 더 깊이 생각해야 하는 질문을 받으면 뇌가 닫쳐버리게 되어 '싫어', '몰라' 등의 단어를 많이 사용하게 된다. 추상력이 약한 아이들은 생각하기를 싫어하고 책을 읽어도 건성으로 읽고, 시험문제를 읽는데 건성으로 읽어 실수를 많이 하게 되므로 규칙적으로 책을 읽어 주는 것이 중요하다. 글을 쓸 때나 말할 때 그리고 무엇을 하든 반드시 생각을 해야 하는데, 이 생각하는 힘이 언어사고력보다 약한 아이들은 매사에 깊이 생각하는 것을 싫어한다. 왜냐하면 뇌 속의 생각하는 힘이 약하기 때문이다. 그래서 말은 잘하는데 생각이 약한 아이는 '입만 살아 있다.'라는 말을 듣게 되고 행동을 해도 생각 없이 하기 때문에 실수가 많은 아이가 되는 것이다.

추상력 훈련 방법 – 책 읽어주는 부모

추상력은 단순하게 수치의 높낮이로만 평가해서는 안 된다. 추상력은 언어사고력과 깊은 관련이 있다. 언어사고력과 어떤 관계에 있는가에 따라서 추상력이 생각하는 힘이 아니라 공상이나 상상으로 나타나기도 한다. 추상력은 보는 사고, 듣는 사고, 읽는 사고로 크게 나누어서 훈련시켜야 한다.

첫째, 아이와 함께 서점을 방문하는 엄마가 되어야 한다.

　유아기의 아이들은 자기가 좋아하는 그림책은 한번 읽고 마는 것이 아니라 여러 번 읽어도 싫증을 내지 않고 읽는 것을 볼 수 있다. 그러나 엄마가 온라인 서점에서 구매한 책이나 친척, 형에게 물려받은 책은 잘 읽으려 하지 않는다. 왜 그럴까? 온라인에서 선택한 책은 아이의 눈높이가 아니라 엄마의 수준에서 선택한 책이기 때문에 눈높이에 맞지 않아 아이가 멀리하는 것이다. 물려받은 책도 마찬가지이다. 유아기에는 아이의 뇌 발달에 맞고 아이가 선호하는 책을 선택해주는 것이 매우 중요하기 때문에 한 달에 한 번 정도 꼭 서점에서 아이와 함께 책을 구매하도록 한다.

둘째, 아이들의 눈높이와 표현력을 키워 주는 책을 선정해 준다.

　책을 선정할 때는 아이의 눈높이를 고려해서 구매한다. 책의 한쪽 면에 나오는 5개 정도의 어려운 단어나 어휘를 아이에게 물어본다. 아이가 3~4개 정도의 단어를 말로 표현할 수 있다면 그 책은 아이 눈높이에 맞는 책이나, 표현하지 못한다면 아이는 이해하기 어렵기 때문에 책을 사주어도 잘 읽으려 하지 않는다.

셋째, 결론이 있는 닫힌 책보다는 열린 결말 책을 읽어 준다.

책을 통해 아이의 창의력을 키워주고 싶다면 닫힌 결말을 가진 그림책보다는 결말이 열려 있는 그림책이 유아의 창의적인 표현력을 높이는 데 도움이 된다. 호기심과 같은 '인지적 흥미'는 닫힌 결말을 가진 그림책보다 열린 결말 그림책의 경우에 두뇌발달에 더 도움이 되며, 책을 읽은 후 창의적인 그림을 표현하는 데에 있어서도 열린 결말의 그림책이 더 효과적이다. 하지만 열린 결말 그림책을 보다 잘 활용하기 위해선 부모의 도움이 필요하다. 열린 결말 그림책의 경우, 등장인물이나 내용에 대한 추론 능력이 상대적으로 떨어질 수 있어 부모가 질문을 통해 아이의 이해를 도와주어야 한다.

넷째, 낮에 읽어주는 책과 밤에 읽어주는 책은 달라야 한다.

쉽게 말하면 잠자리에 들 때 읽어주는 책은 내면의식에 저장이 된다. 그래서 머릿속에 각인시켜야 할 책들을 읽어주면 좋다. 같은 책을 읽어주어도 잠자리에 들 때 읽어주면 창의성이 발달된다. 또 성경책이나 위인전을 읽어주면 좋은 이미지가 생겨 바른 생각과 행동을 하게 된다. 그래서 잠자리에 들 때 읽어주는 책은 인성교육에 도움이 되는 책, 창의적 사고력을 요하는 책을 읽어주면 도움이 된다.

낮에는 학습적인 면에 중점을 두고 읽어주는 게 좋다. 음식을 골고루 먹는 것이 가장 바람직하지만, 아이의 상태에 따라서 비만인 아이와 편식이 심한 아이들에게 먹이는 음식의 종류가 달라야 하듯 책도 골고루 읽어 주는 것이 가장 바람직하지만, 아이의 두뇌에 맞는 책을 읽어주는 것이 더 효과적이다. 좌뇌적인 아이는 논리적인 책보다는 창작동화나 전래동화를 읽어 주는 것이 좋으며 우뇌적인 아이는 창의적인 책보다는 수학동화, 과학동화 같은 논리적인 책을 읽어 주는 것이 바람직하다.

다섯째, 고지식하고 융통성이 없는 아이들에게는 책을 읽어줄 때 책 내용을 간단하게 개작하여 읽어 주는 것도 바람직하다.

좌뇌 선호도가 높은 아이들은 고지식하고 유통성이 부족하기 때문에 창의성을 발휘하도록 도와주어야 한다. 예를 들어 아기 돼지 삼형제를 읽어줄 때, 늑대가 형의 집을 입으로 후~ 불자 집이 날아가 버려서 동생 집으로 도망갔다고 되어 있는데, 읽어줄 때는 '늑대가 후~ 불었지만 형은 집이 날아가지 못하게 끈으로 꽁꽁 묶어 놓았다. 그다음에 늑대는 어떻게 했을까?' 이렇게 아이에게 역으로 질문을 해주는 것이 고지식한 아이들에게는 좋다.

여섯째, 논리적인 아이는 글을 읽어준 뒤 그림을 보여주도록 한다.

논리적인 좌뇌 선호도가 높은 아이들은 미리 그림을 보여주어서 글의 내용을 미리 알아버리게 하는 것보다는 글을 읽어주고 난 뒤 그림을 보여주어야 효과적이다. 글의 내용을 충분히 상상할 수 있도록 해주어야 한다.

일곱째, 글을 읽어주고 내용을 그림으로 그려보도록 한다.

예를 들어, '토끼와 거북이가 달리기 시합을 하였는데 토끼가 열심히 달려가다 보니 앞에 강이 나타났어요. 아무리 둘러보아도 건널 수 있는 다리도 없고 토끼는 수영도 못해요. 그래서 토끼는 어떻게 했을까요?' 이렇게 동화를 들려주고 토끼가 어떻게 했는지를 그림으로 그려보도록 하는 것은 좌뇌적인 아이를 훈련하는 좋은 방법이라고 할 수 있다. 마땅한 그림책이 없다면 아이가 읽은 동화책 중에서 헌책이 된 것을 가지고 있다가 그림을 오려내어 서로 어울리지 않는 그림을 연결해보도록 훈련한다.

여덟째, 오감을 통해 보는 사고력을 키워준다.

어떤 사물을 보여줄 때 건성으로 보여주는 것보다는 작은 것까지 볼 수 있도록 해준다. 예를 들어 과일을 보여 줄 때에는 겉모습의 형태와 색깔뿐만 아니라 직접 만져 보게 하여 질감을 느끼도록 하는 것이 좋다. 또 "이 과일 속 색깔은 무슨 색깔일까?", "맛은 어떨까?", "씨앗은 몇 개 들었을까?" 등 궁금증을 자극해주는 것도 좋다. 그다음 과일을 먹어보고 다시 이야기를 나누어보자. "어떤 맛이니?", "냄새는 어때?" 등 가능한 세세한 부분까지 아이가 생각해 보게 하는 것이 중요하다. 부모가 생활 전반에서 이런 태도로 아이를 교육한다면 추상력이 좋아진다.

아홉째, 부모의 목소리를 들려준다.

　사람의 언어에는 감정이 실려 있지만 테이프나 CD 같은 기계 소리에는 감정이 없다. 어려서 부모가 녹음기를 이용해 많은 이야기를 들려주었다면 이 아이는 사람의 소리는 차분하게 듣지 못하며 기계 소리를 들어야 편안한 아이가 된다. 그 이유는 머리에 기계 소리가 각인이 되어서 그렇다. 이렇게 기계 소리로 동화를 듣고 자란 아이는 학교에서 수업시간이 길어지면 머리 아파한다. 동화구연가처럼 멋진 음성은 아니지만 부모의 사랑스러운 감정이 실려 있는 음성으로 책을 읽어준다면 아이의 정서적인 면에도 크게 도움을 줄 수 있다.

열째, 책은 잠자기 전에 읽어 준다.

　아이는 잠자리에 들고부터 약 30분간은 잠재의식으로 가는 통로가 열려 있는 셈인데, 이때를 이용하여 아이의 잘못된 습관이나 엄마의 바람 등을 같이 이야기해주면 커다란 효과를 볼 수 있기 때문에 책은 잠자기 전에 읽어 주는 것이 좋다. 유대인 엄마들이 가장 중요하게 여기는 시간은 아이를 침대에 누이고 그 곁에서 아이가 잠들 때까지 함께 있는 그 짧은 순간이라고 한다. 침대에 누운 아이에게는 곁에 있는 엄마만큼 정서적인 안정감을 주는 존재는 없다. 이때에는 하루의 일과를 정리하고 책을 매개체로 편하게 대화를 주고받을 수 있으며, 엄마가 아이들에게 사랑하고 있다는 말과 재미있는 이야기를 들려줌으로써 책을 좋아하게 만들 수 있는 동기를 부여할 수 있기 때문이다.

책을 읽어 주는 가장 큰 목적은 나보다 남을 먼저 생각할 줄 아는 아름다운 마음이 생기게 하는 것, 상대방과 입장을 바꿔서 생각하는 방법을 아는 것, 엄마의 정다운 목소리를 통해 들려오는 이야기를 순간적으로 내 생각과 결부시켜 새로운 꿈의 나라로 다가갈 수 있는 상상력을 길러 주는 것으로 감수성을 길러 정서를 풍부하게 하는 데 있다. 유아기에 책을 많이 읽어 주게 되면 어휘력 향상은 물론 후에 학업에 필요한 언어적 능력의 발달을 증진시킨다.

오늘날 뇌 생리학을 연구하는 학자들에 따르면 아동에게 책을 읽어주는 것은 지적, 정서적, 신체적 발달을 도모하는 것으로 밝혀졌다. 따라서 이 시기의 아이들에게는 책을 많이 읽어 주어 단어의 수를 많이 알게 하고 풍부한 상상력을 기르며 적절한 감정 표현 능력을 키우는 데 역점을 두어야 한다. 또한 옳고 그름을 판단하는 종합적 사고를 갖게 되는 이 시기의 독서는 '말하는 능력'을 발달시키는 중요한 밑거름이 된다. 책은 다양하게 읽어주는 것이 좋다. 그중에서도 자기의 미래 직업(물론 꿈이야 계속 바뀌지만 관심을 가질 때 읽어 주는 것이 학습적인 면에서 효과가 뛰어나다)에서 훌륭한 업적을 남긴 위인, 또는 현재 살아있는 분들 중 많은 사람들의 존경을 받는 분들에 대한 이야기나 과학도서, 특히 현실적인 책을 읽어 주는 것이 효과적이다.

초등 추상력 훈련 방법

[초등 저학년]

* 다양한 책을 천천히 읽고(시청각교육, CD 최소화) 바르게 듣도록 한다.
  · 서점가기(아이 수준에 맞는 책, 열린 결말 책, 오감발달 책), 초등 연계도서, 필독도서
* 생활 속 여러 가지 사물이나 책을 천천히 잘 보고, 잘 듣고, 잘 읽도록 한다.
* 교과서를 바른 자세로 천천히 낭독, 정독하여 읽는다.
* 단어와 단어(2개>3개)를 이어서 이야기를 꾸며보도록 한다.
* 사물(가방, 전화기 등), 단어(친구, 존중 등)를 말과 글로 표현하도록 한다.
* 사물(고양이와 냉장고)의 같은 점, 다른 점 등 특성을 말과 글로 표현하도록 한다.
* 현장학습, 관찰학습을 한 후 보고 생각하고 느낀 것을 이야기해보도록 한다.
* 일기(그림일기)를 주 3회 정도 순차적(말>그림>단어>문장>글)으로 쓰게 한다.

[초등 고학년]

* 여러 분야의 책을 천천히 읽고(시청각 교육, CD 최소화) 바르게 듣도록 한다.
  · 도서관 가는 습관 만들기(수준에 맞는 책, 초등 연계도서, 필독도서)
* 사물, 현상, 책 등을 천천히 잘 보고, 잘 듣고, 잘 읽도록 한다.
* 다양한 책과 교과서를 바른 자세로 정독하고 많이 읽는 훈련을 한다.
* 단어와 단어(2개>3개>4개>5개)를 이어서 이야기를 꾸며보도록 한다.
* 2개 이상의 사물의 같은 점, 다른 점 등 특성을 말과 글로 표현하도록 한다.
* 한자(사자성어)를 눈으로 익히고 말과 글로 표현하도록 한다.
* 단어를 주어 짧은 글짓기를 하도록 하고, 마인드맵 연관 학습을 시킨다.
* 글을 읽고 중심 어구를 말해보고, 그림으로 그려보고, 내용을 요약해보도록 한다.
* 견학이나 체험학습을 한 후 보고 생각하고 느낀 점을 표현해보도록 한다.
* 독서 감상문, 기행문(체험, 탐방 등)을 통해 소감을 써보도록 한다.
* 1주일에 4회 이상 일기를 정성껏 쓰도록 한다.

유아 추상력 교육 훈련방법 핵심정리

기능적 훈련방법

① **다양한 책을 천천히 읽어주고 바르게 듣는 훈련을 시킨다.**
   - 서점을 방문하여, 그림과 글의 수준이 아이에 맞는 열린 그림(동화)책을 선정한다.
   - 기계음은 측두엽의 베르니케 영역을 발달시키지 못하므로 엄마, 아빠가 책을 읽어준다.
   - 우뇌적인 아이는 역사, 과학, 위인전 등 논리적이고 체계적인 책을 읽어준다.
   - 좌뇌적인 아이는 전래, 창작동화, 동시 등 감성적이고 창의적인 책을 읽어준다.
② **발문과 질문을 한다.(책을 읽을 때, 식사를 할 때, 외부 활동을 할 때, 일상생활에서 등)**
③ **이야기를 듣고, 내용을 상상해보고 그림으로 그려보도록 한다.**
④ **그림(동화)책을 먼저 읽어 주지 않고, 그림을 보고 무슨 이야기인지를 꾸며 보도록 한다.**
⑤ **이야기를 들려주고 뒷이야기를 꾸며 보도록 한다.**
⑥ **낮에는 학습적인 책을 읽어주고, 밤에는 전래동화와 같은 편안한 책을 읽어준다.**
⑦ **여러 사물의 같은 점, 다른 점 등 특성을 찾는 훈련을 한다.**
⑧ **연령에 맞는 그림(동화)책을 읽는다.**
   - 만 2세 : 생활 그림책, 이야기가 있는 지식 정보 그림책, 팝업북, 글 없는 그림책 등
   - 만 3세 : 이야기 그림책, 수학 그림책, 자연 원리(식물, 동물도감) 그림책, 언어 그림책 등
   - 만 4세 : 전래 동화(그림)책, 세계명작 동화(그림)책, 수학·과학 원리 동화(그림)책 등
   - 만 5세 이상 : 창작, 지식, 문학, 영어, 동시, 역사, 위인전, 직업소개 동화(그림)책 등
⑨ **그림일기(만 5세)를 쓰도록 하여 좌우뇌를 통합적으로 발달시킨다.**

부모 역할

① **엄마는 아이의 말에 경청하는 모습을 보여준다.**
② **아이의 눈높이를 맞춰 바라보면서 대화하는 모습을 보여준다.**
③ **아이의 말에 고개를 끄덕이면서 말을 이해하고 있다는 공감과 표현을 해준다.**
④ **아이와 이야기를 할 때는 손, 발, 입, 귀를 활용해서 대화한다.**
⑤ **친구의 이야기를 잘 들어주는 것은 친구를 소중하게 여긴다는 표현임을 가르친다.**
⑥ **아이의 말에 경청할 수 없는 상황일 때는 잠시 기다려 달라고 이야기한다.**

소통의 날개를 달자

언어사고력

언어사고력이란 설득력 있게 말하는 힘이다. 사람의 감정, 느낌, 사상 그리고 생각을 음성언어 또는 문자언어를 통해 정확하게 표현하는 능력을 의미한다. 언어사고력이 좋으면 한글을 빨리 익히고 어휘 구사력이 뛰어나기 때문에 상대방의 말을 파악하는 능력과 전달하는 능력이 좋다. 뿐만 아니라 책을 읽는 속도가 빠르고 다독하며 국어뿐 아니라 다른 과목들도 잘 이해할 수 있다. 링컨의 사례를 통해 언어사고력의 음성언어에 대해서 한번 생각해보자.

링컨은 부모님이 가난하여 초등학교를 제대로 졸업하지 못 했다. 링컨이 대통령에 선출되었을 때 그러한 사실을 알게 된 상원의원들은 링컨을 비웃기 시작했다. 대부분 고학력에 명문 귀족출신이었던 상원의원들, 그들은 신발 제조공 출신에다 제대로 학교도 다니지 못한 링컨 밑에서 일 한다는 것이 여간 불쾌하지 않았던 것이다. 링컨이 대통령이 되어 상원의원들 앞에서 취임연설을 할 때였다. 막 연설을 하려는데 한 상원의원이 일어나 거만하게 말했다. "오늘은 미국 역사상 가장 수치스러운 날입니다. 저 초등학교도 나오지 못한 사람이 대통령이 되어 의회 연설을 하다니요. 저런 사람을 우리가 대통령으로 모셔야 합니까?"하며 야유를 퍼부었다. 또 한 의원은 자기 구두를 벗어 들고 "당신이 대통령이 되다니 정말 놀랍소. 당신의 아버지가 신발 제조공이었다는 사실을 잊지 마시오. 가끔 당신 아버지가 우리 집에 신발을 만들기 위해 찾아오곤 했소. 이 신발도 당신 아버지가 만든 것이오." 그러자 의사당 안은 링컨을 조소하는 웃음소리로 가득했다.

만약 여러분에게 이런 상황이 발생한다면 어떻게 대처할 것인가? 링컨은 전혀 동요함이 없이 단상으로 올라가 부드러우면서도 단호한 목소리로 말했다. "존경하는 의원님들, 여러 가지 바빠서 잠시 아버지를 잊고 살았는데, 오늘 여러분께서 아버지를 생각할 수 있게 해 주셔서 감사합니다. 저희 아버지는 구두를 만들고 수선도 하셨습니다. 저희 아버지는 한 번도 쉬지 않고 튼튼한 구두를 만들기 위해서 열심히 일하셨습니다. 나도 아버지가 일할 때 어깨 너머로 보았습니다. 아까 의원님이 보여 준 구두, 언젠가 수선할 일이 있으면 제게 갖다 주세요. 제가 수선해 드리겠습니다. 나는 이 세상에서 아버지를 가장 존경합니다."

링컨은 대립관계에 있는 사람들을 공석에서 비난하지도 않고 화를 내지도 않았다. 그리고 만인 앞에 당당하게 서서 구두 제조공이었던 아버지를 부끄럽게 여기지 않고 자랑스러워하는 링컨의 연설은 사람들에게 감동을 주었고, 링컨은 이 연설을 기반으로 더욱더 입지가 확고하게 되었다. 언어사고력이란 링컨의 사례에서 보듯이 핵심도 없이 장황하게 말만 많은 것이 아니라 명료하고 명확하며 상대방의 마음에 변화를 만드는 설득적인 언어인 것이다. 부모로서 가장 듣고 싶은 말이 있다면 사랑하는 자녀에게서 링컨과 같은 고백을 듣는 것이다. 서로가 위로하고 격려하는 아름다운 가정이 되면 우리 사회도 점점 인정과 소통이 풍만해지리라 믿는다.

손글씨를 통해 언어사고력의 문자언어에 대해서 한번 생각해 보자. 오늘 하루 펜으로 글씨를 써 본 경험이 몇 번이나 있는가? 디지털 기기 사용으로 손글씨를 쓸 일은 점점 줄어들고 있다. 성인뿐만 아니라 아이들도 마찬가지이다. 그러나 아이들에게 손글씨가 필요한 이유는 단지 생각을 표현하는 기능적인 요소보다도 뇌 발달에 영향을 주기 때문이다.

초등학생 저학년 100여 명을 A, B 그룹으로 나누어 두 가지 방법으로 실험을 해보았다. A 그룹은 컴퓨터를 사용해 글을 쓰게 했고 B 그룹은 연필로 글을 쓰게 하였다. 첫 번째 실험은 교과서에 있는 글을 그대로 쓰도록 하였다. 컴퓨터를 사용한 A 그룹이 더 빠르고 정확하게 실험 과제를 수행했다. 그러나 두 번째 쓰기 실험에서는 생각한 것과는 다른 결과가 나왔다. 아이들에게 주제를 주고 20분간 작문을 완성하는 과제에서 더 빨리 작문을 마친 그룹은 연필로 글을 쓴 B 그룹이었다. 더욱 놀라운 것은 작문에 사용한 단어나 어휘는 컴퓨터를 사용한 A 그룹보다 더 풍부했고, 글의 구성력과 완성도 또한 높았다. 또 다른 연구에 따르면 수업시간에 손으로 필기를 한 학생들은 컴퓨터로 타이핑한 학생에 비해 수업내용을 더 잘 기억했고, 학습내용을 재구성하는 능력 또한 높았다.

아이들에게 둔탁한 기계적인 자판이 아닌 손으로 그림을 그리게 하고, 글을 쓰게 하는 것은 인장력을 강화시켜주며 또한 구성력(손으로 하는 집중력)과 협응력(마음의 집중력) 그리고 시각적통찰력(눈의 집중력)과 지각속도력(몸의 집중력) 향상에도 도움이 된다. 특히 글씨를 반듯하게 쓸 때에는 마음이 여린 것을 고치는 효과도 있다.

우리 아이 글자 교육 언제부터 시켜야 할까?

OECD 국가 중 국민의 언어능력이 가장 우수한 나라는 핀란드이다. 그런데 재미있는 사실이 하나 있다. 핀란드에선 8세 이전의 글자 교육을 엄격하게 금지하고 있다는 것이다. 아이들은 생후 3개월이면 수많은 소리 가운데서도 사람의 말소리를 구별해 내고, 4개월 된 아기는 말소리를 따라 할 수도 있다. 단어의 뜻을 정확하게 알기 시작하는 시기는 생후 18개월이다. 그리고 24개월에서 36개월 사이에 단어 학습능력이 최고조에 달한다. 이 시기에 글자를 술술 읽는 4~5세의 유아들이 있다. 그러나 이 아이들이 글자를 익히는 건 별로 어려운 일이 아니다. 그 이유는 아이들은 글자를 그림으로 인식하고 외우면 그만이기 때문이다. 어른들에게 글자는 서로 다른 소리이지만 7세 이전 대부분의 아이들에겐 서로 다른 그림일 뿐이기 때문이다. 문법과 철자를 익히는 데 활용되는 좌뇌는 5세 이후 발달하기 시작해 7세 이후에 본격적으로 발달한다. 그러므로 7세 이후가 글자를 배울 수 있는 최적기인 셈이다.

아이들은 7세 이후가 되면 더 빨리, 더 즐겁게 글을 배울 수 있다. 너무 이른 나이에 문자를 익힌 아이들은 상상력을 펼칠 수 있는 기회를 빼앗길 수 있다. 그림책을 보더라도, 상상의 나래를 펼칠 수 있는 그림보다는 글자에만 집중하기 때문이다. 그러나 이렇게 두뇌발달에 맞는 교육이 아닌, 조기교육이 문제가 되는 것은 되돌릴 수 없는 우뇌 발달 시기라는 점이다. 7세 이후에 본격적으로 발달하는 좌뇌와는 달리, 우뇌는 6세 이후부터 퇴보하기 시작하기 때문이다. 그렇기 때문에 7세 이전엔 좌뇌를 키우는 읽기 교육보다 우뇌를 키우는 다양한 감각 자극이 더 필요하다. 핀란드와 독일, 영국을 비롯한 유럽의 국가들과 이스라엘에선 취학 전 문자 교육을 철저하게 금지하고 있다. 취학 전 아이들이 받아야 할 더 중요한 교육을 읽기 교육으로 빼앗길 수 없다고 판단했기 때문이다. 0세에서 7세 아이들을 위해 뇌 과학자들이 제안하는 최고의 적기교육은 바로 부모와 함께 보고 듣고 느낄 수 있는 환경이고 인성교육이다.

언어사고력이 좋은 아이들은 어떤 특징을 가지고 있는지 알아보자. 언어사고력이 좋은 아이들은 언어구조 파악과 분석이 잘 되며, 언어적 감수성이 예민하여 언어적 정서 파악이 빠르고, 언어 구사력이 높으며 책을 가까이하고 공부를 즐긴다. 유아기에 '호'자로 시작하는 단어 호랑이, 호박 등, '차'자로 끝나는 단어 자동차, 기차 등 단어의 이름이 같은 소리로 시작하는 것과 같은 소리로 끝나는 것을 잘 고를 수 있고, '꽃과 나비', '책과 가방'과 같은 서로 어울리는 낱말과 관계성 있는 낱말 고르기 등을 빠른 속도로 사고해 낸다. 이는 언어사고력을 갖추었을 때의 특징들이다. 그러나 언어사고력이 추상력보다 높으면 핵심이 없고 말이 앞서는 경향이 있다.

언어사고력이 낮은 아이들의 특징

> "엄마~ 책 읽기 싫어~", "엄마~ 싫어~ 싫어~ 나가서 놀 거야~", 늘 생각하는 것을 싫어하고, 책을 읽어주면 얼마 지나지 않아 산만해지고 집중하지 못하는 아이들이다. 잘 보고, 잘 듣고, 잘 읽는 것을 이해하는 뇌의 힘이 약한 아이들이다.

언어사고력이 추상력보다 낮게 훈련된 아이들은 생각이 언어를 지배하기 때문에 생각만큼 말이 힘을 발휘하지 못한다. 그 이유는 선천적으로 말할 때 필요한 48개의 안면 근육을 약하게 타고났거나 아니면 성격이 내성적인 아이이기 때문이다. 선천적으로 늦게 말이 트인 아이는 한글도 늦고 언어에 관한 것도 늦다. 다시 말해 국어가 약하다. 듣고, 말하고, 읽고, 쓰는 것을 통합적으로 국어라 하는데 언어가 약한 아이들은 이쪽에 흥미가 없으며 성취도가 낮다. 언어가 약한 아이들은 이해력도 떨어진다. 이런 아이들은 어려서부터 언어사고력을 올리는 훈련을 통해 추상력과 잘 연계할 수 있도록 도와주는 것이 좋다.

언어사고력 훈련 방법 -소통하는 부모

언어사고력도 추상력과 마찬가지로 수치의 높낮이로만 평가해서는 안 된다. 언어사고력은 추상력과 균형을 이룰 때 힘을 갖는다. 추상력과 어떤 관계에 있는가에 따라서 언어사고력이 설득하는 말이 아니라 말만 앞서는, 입만 살아 있는 아이가 되기도 한다. 언어사고력은 듣는 언어, 말하는 언어, 읽는 언어, 쓰는 언어로 크게 나누어서 훈련시켜야 한다.

첫째, 언어를 빨리 습득하게 하려면 많이 들려준다.

언어 습득의 공식이 있다면 '들으면 말하고 읽으면 쓴다.'이다. 여기서 듣는다는 것은 추상력 계발에 속하는 것이고, 말하는 것과 읽는 것은 언어사고력이며 쓴다는 것도 언어사고력에 속하는 능력이다. 다시 말해 듣고, 말하고, 읽고, 쓰기를 잘하려면 언어사고력과 추상력이 같이 훈련되어야 한다는 것이다. 추상력에서 말했듯이 많은 책을 읽어주고, 대화를 통해 많은 이야기를 하는 것이 추상력에 도움을 준다.

유아교육 시기에 가정에만 있는 아이들은 언어사고력이 떨어진다. 이것은 체계적인 교육을 받지 않은 것에도 문제가 있겠지만 유아교육기관에서 또래의 말을 많이 듣고 말하는 훈련이 가정에서보다 더 많기 때문이다. 추상력과 언어사고력이 잘

발달되려면 많이 듣고 말하는 훈련을 해주어야 한다. 가령 아이가 다른 아이들에 비하여 언어가 늦게 트인 아이들은 선천적으로 언어사고력이 약한 아이들이거나 말이 트이기 전에 많은 이야기를 들려주지 못했던지 아니면 텔레비전 혹은 기계 소리를 많이 들려준 아이들일 것이다. 이런 아이들은 다른 아이들에 비하여 말할 수 있는 기회가 적었을 것이다. 말할 때 필요한 48개 안면 근육 운동이 정상적으로 말을 한 아이에 비하여 적다는 것이며 신체 밸런스 중에 말하는 부분이 약할 것이고 말하기를 싫어할 것이다. 선천적으로도 약하게 태어났고 후천적으로도 말하기를 싫어한다면 당연히 성장하면서 언어사고력은 점점 더 떨어질 것이고 이로 인해 한글도 늦고 이해력도 늦어 결국 학습능력에도 문제가 생길 것이다.

아이들에게 한글을 일찍 가르치는 것보다 더 중요한 것이 언어사고력 훈련, 즉 말할 때 필요한 안면 근육 훈련을 통해 언어사고력 훈련을 해야 한다는 것이다. 혹 말이 트이기 전에 아이에게 많은 이야기를 들려주지 못했다든지 텔레비전 소리에 많은 시간 노출되었던 아이들에게는 지금이라도 책을 많이 읽어주고 눈을 바라보며 대화할 수 있는 시간을 가진다면 좋은 결과를 기대할 수 있을 것이다.

둘째, 낭독을 통해 안면근육을 발달시키고 어휘력을 향상시킨다.

어휘력이 발달하는 시기는 언제부터일까? 3살부터 6살까지는 언어 뇌가 폭발적으로 발달하며 말을 깨치는 힘은 일생 중 6세 전후가 가장 크다. 학교에 들어가서부터는 이보다 더디게 성장한다고 보면 된다. 따라서 아이들이 말을 배우기 시작할 때부터는 책을 많이 읽어 주어 생각하는 힘을 키워주는 교육을 해야 한다. 책이 머릿속에 들어가면 글과 말로 나오기 때문에 후에 글짓기, 논술을 잘 하게 된다.

또 하나는 낭독을 통하여 48개의 안면 근육을 발달시키고 호흡을 고르게 하여 남 앞에 서서 자신감을 가지고 논리적으로 설득할 수 있는 아이로 키워야 한다.

우리는 언어사고력이 떨어지는 아이들을 많이 보아왔다. 그 아이들의 특성은 언어(말)로 상대방을 설득할 수 없기 때문에 폭력, 울음 등의 행동이 앞서는 경우와 언어사고력이 떨어져 친구들에게 따돌림을 당하고 친구들과 어울려 놀지 못하는 경우, 또한 쓸데없는 말이 너무 많아 친구들에게 인정을 받지 못하고 결국에는 혼자 노는 경우 등 다양하다. 이 모든 것이 자녀의 사회성 발달에 문제가 될 수 있으며, 어휘력이 떨어지게 되면 선생님의 말씀을 이해하는 데 어려움이 많기 때문에 학습능력의 저하가 초래된다. 결국은 언어사고력의 낮음으로 인해 문제아, 부진아가 될 수 있음을 알아야 한다.

초등 언어사고력 훈련 방법

[초등 저학년]

* 교과서와 책을 바른 자세로, 천천히, 큰 소리로 읽도록 한다.
  · 낱글자(발음) 낭독, 어절(조사인지력) 낭독, 문장 낭독(이해력, 독해력)
* 책(교과서)을 함께 읽고 느낌(단어, 어휘, 문장 등)을 서로 이야기한다.
* 사물의 느낌을 천천히 잘 말하고, 바르게 잘 쓰도록 한다.
* 생활 속 대화를 많이 나누고 독서에 재미를 느끼도록 도와준다.
* 교과서를 읽고, 읽은 내용을 말과 글로 표현하도록 한다.
* 흥미로운 분야의 책을 선택하여 읽고, 이야기하도록 한다.
* 모르는 단어가 나오면 반드시 뜻을 찾아보게 하여 어휘력을 키운다.
* 소(대)주제별(가족, 사회, 국가 등)로 대화하는 훈련을 한다.

[초등 고학년]

* 여러 분야의 책과 교과서를 바른 자세로, 천천히, 큰 소리로 읽도록 한다.
* 책(교과서)을 읽고 느낌(단어, 어휘, 문장 등)을 글로 표현해보도록 한다.
* 사물에 대한 느낌을 잘 말해보고, 바르게 잘 써보도록 한다.
* 일상적인 대화와 소통을 통해 독서에 흥미를 갖도록 도와준다.
* 책이나 교과서를 읽고, 읽은 내용을 말과 글로 표현하도록 한다.
* 꿈이 있는 직업분야의 책을 선택하여 읽고, 이야기하도록 한다.
* 모르는 단어가 나오면 반드시 뜻을 찾아보게 하고 어휘력 노트를 작성한다.
* 어휘력을 향상을 위해, 단어를 구성하는 한자어의 뜻을 파악해보도록 한다.
* 소(대)주제별(직업, 경제, 글로벌 등)로 대화하는 훈련과 토론학습을 한다.

유아 언어사고력 교육 훈련방법 핵심정리

기능적 훈련방법

① 책을 큰소리로 낭독하게 한다.
- 만 3세 : 한자씩 또박또박 읽는 낱글자 낭독을 하여 48개 안면 근육을 발달시킨다.
- 만 4세 : 띄어쓰기 단위로 어절 낭독을 하여 통글자 인지와 조사 인지능력을 발달시킨다.
- 만 5세 : 문장을 큰소리로 읽는 문장 낭독을 하여 이해력과 독해력을 발달시킨다.
- 우뇌적인 아이는 역사, 과학, 위인전과 같은 논리적이고 체계적인 책을 낭독한다.
- 좌뇌적인 아이는 전래, 창작동화, 동시 등 감성적이고 창의적인 책을 낭독한다.
② 언어가 낮은 아이는 책을 천천히 읽어주어 이해력과 독해력을 키워준다.
③ 이야기를 듣고 큰소리로 따라 읽게 하여 자신감을 심어준다.
④ 재미있는 놀이, 게임, 일상생활을 통해 어휘력(수용 언어=표현 언어)을 길러준다.
- 이야기 주머니, 스피드 게임, 스무 고개, 수수께끼, 끝말·첫말 이어가기, 간판, 마트, 신발장 등
⑤ 부모는 감정을 나타내는 언어를 사용하여 아이의 표현 언어를 키워준다.
- "창피해서 화가 났구나", "기분이 나빠서 친구와 싸웠구나?" 등
⑥ 그림(동화)책을 보고 그림의 상황(의미)을 큰 소리로 이야기해보도록 한다.
⑦ 이해력과 독해력이 부족한 아이는 반드시 배경지식이 풍부한 부모와 함께 책을 읽는다.
⑧ 발음이 부정확하면 낱글자 낭독을 시키고 단어를 거꾸로 읽는 훈련을 시킨다.
⑨ 연령에 맞는 그림(동화)책을 낭독시킨다.
- 만 2세 : 생활 그림책, 이야기가 있는 지식 정보 그림책, 팝업북, 글 없는 그림책 등
- 만 3세 : 이야기 그림책, 수학 그림책, 자연 원리(식물, 동물도감) 그림책, 언어 그림책 등
- 만 4세 : 전래 동화(그림)책, 세계명작 동화(그림)책, 수학·과학 원리 동화(그림)책 등
- 만 5세 이상 : 창작, 지식, 문학, 영어, 동시, 역사, 위인전, 직업소개 동화(그림)책 등
⑩ 만 5세 이상은 쓰기 능력(일기)을 키워주고, 초등 교과서(초등 입학 3개월 전)를 낭독시킨다.

부모 역할

① 아이에게 자신감을 갖도록 따뜻하고 지지해주는 가정 분위기를 조성한다.
② 아이가 말하는 동안 충분히 기다려 주고 말할 시간과 기회도 충분히 준다.
③ 아이의 말과 감정에 고개를 끄덕이면서 공감하고 표현한다.
- "아, 그랬구나.", "슬펐겠네.", "그래서 짜증났니?", "오~저런" 등
④ 부모가 먼저 자신의 감정과 생각을 긍정적이고 예쁘게 표현한다.
⑤ 역할놀이를 하여 상대방의 생각과 감정을 공감하고 표현할 수 있도록 한다.
- 엄마와 아빠놀이, 병원놀이, 인형놀이, 소꿉놀이, 동물놀이, 가상놀이, 별명 짓기

수학의 날개를 달자

수리력

수리력이란 단순 계산하는 능력이며 공부의 민첩성이다. 수리력은 수에 대한 이론과 개념에 대한 그 속에 담긴 원리를 파악하여 잘 활용하는 능력이며 수의 개념과 계산의 이치, 수를 기초로 하는 논리와 사고를 의미한다. 인간의 모든 사고와 행동은 수를 기초로 한다. 그리고 철학, 화학, 물리학, 경제학 등도 수를 기초로 하는 학문이기에 수리력이 발달하면 학문적 접근이 쉬워져 공부에 흥미를 가질 수 있다. 만 10세 이전에 단순 학습을 되풀이 한 경우에는 똑똑해 보이고 수리 지수가 높게 나타나지만, 만 10세 이후 복잡한 문제를 접하면 싫어하고 기피하는 경향을 보인다. '기하학'을 정립한 탈레스의 사례를 통해 수리력에 대해서 생각해 보자.

한 당나귀의 주인이 소금을 싣고 강을 건너는데 한 나귀가 실수로 그만 강물에 빠지게 되었다. 등에 싣고 있던 소금은 강물에 녹아 짐이 매우 가벼워졌다. 재미를 붙인 당나귀는 강을 건널 때면 으레 넘어져서 주인의 짐을 망쳐 놨다. 이를 눈치챈 주인은 이번에는 소금 대신 솜을 나귀의 등에 얹었다. 여느 때와 마찬가지로 나귀는 강물을 건너가던 중 일부러 넘어졌다. 하지만 그 결과는 여느 때와는 상반되게 솜에 물이 배어 짐의 무게가 무거워져서 나귀는 자신의 버릇을 고치게 되었다.

이 '게으름을 피우는 당나귀' 이야기를 아는 사람은 매우 많았지만 이 이야기가 이집트 수학을 응용하여 '기하학'이라는 학문을 처음으로 정립한 그리스 수학자 탈레스(BC 625~547)의 이야기인 줄 아는 사람은 그렇게 많지 않다. 탈레스는 시간마다 태양에 의해 생기는 그림자의 길이가 달라진다는 것을 알아내어 자기 그림자의 길이가 자신의 키와 같을 때 피라미드의 그림자 또한 피라미드의 높이와 같을 것이라고 추측하였고, 이원리를 이용하여 피라미드 높이를 알아낸 일화는 우리에게 잘 알려진 이야기이다. 수학자 탈레스는 수학뿐만 아니라 철학, 천문학 등 여러 방면에도 조예가 깊었다.

추상력과 언어사고력의 결과로 표현되는 힘이 수리력과 추리력이다. 이해력이 약하거나 독해력이 부족하다면 고학년이 되어서 결코 수리력과 추리력을 가질 수 없다. 수학을 아주 잘하는 영재 수준의 아이들의 특징 중 하나는 좌뇌와 우뇌를 모두 활용해서 학습을 한다는 것이고, 다른 하나는 책을 많이 읽는다는 것이다. 수학과 과학에 관련된 서적도 많이 읽지만 위인전을 좋아하는 아이들이 많다고 한다.

수리력이 좋은 아이들은 어떤 특징을 가지고 있는지 알아보자. 수리력이 좋은 아이들은 사고와 행동이 정확하고 분명하며 합리적 사고와 계획성이 있어 매사에 주도면밀한 성격이다. 또한 문제 해결이 빠르고 성공률이 높으며 실패를 하여도 실패 원인 분석이 빨라 실패를 성공으로 이끄는 능력이 탁월하다. 학습적으로는 수와 수의 관계를 빨리 이해하고, 수의 크고 작은 것을 파악하는 속도가 빠르고 정확하다. 그러나 단순 학습으로 인하여 수리력이 높게 나타난 아이들은 복잡한 문제를 접하면 어려워하고 생각하기를 싫어하기 때문에 학습방법에 주의를 해야 하며, 학습 스트레스로 학년이 올라갈수록 성적이 떨어지고 공부를 회피하는 아이로 성장하게 된다.

수리력이 낮은 아이들의 특징

"엄마~ 공부 힘들어요", "엄마 너무 어려워요", "엄마 공부하기 싫어요", 늘 공부하기를 싫어하고, 공부만 하려고 하면 얼마 지나지 않아 집중을 못한다. 그리고 복잡하고 힘든 문제를 해결해나가는 뇌의 힘이 약하다.

수리력이 낮은 아이들은 어떤 특징을 가지고 있는지 알아보자. 수리력이 낮은 아이들은 논리성과 합리성이 부족하여 행동이 부정확하고 믿음직스럽지 못하며 시간개념이 흐리다. 학습적으로는 시험을 볼 때, 시간이 부족해서 문제를 다 풀지 못한다. 또한 계획성과 논리성 부족으로 매사에 실패율이 높으며 항상 자신감이 부족하여 막연한 공상에 빠지기 쉽고 말이나 행동이 느리다. 그러나 수리력이 낮고 추리력이 높은 아이들은 단순한 것은 못하지만 오히려 복잡한 것은 끝까지 잘 푸는 두뇌이기 때문에 연령이 올라 갈수록 공부를 잘하는 아이가 된다.

주입, 암기, 단순 계산력으로 수리력이 올라간 아이들은 단순 학습은 잘하는데 복잡한 것을 해결하는 뇌력이 부족하여 연령이 올라갈수록 복잡하고 어려운 것을 회피하는 학습기피증이 나타난다. 수리가 높은 경우 열려 있는 수리력의 뇌 기능 부분은 그대로 두어도 되지만, 닫혀 있는 추리력 부분은 반복적인 교육과 훈련으로, 뇌 발달이 될 때까지 노력하는 자세가 필요하다. 그렇지 않으면 쉽고 단순한 것만 잘하는 뇌가 만들어져 초등 4학년 이후 복잡하고 어려운 것이 나오는 시기가 되면 학습을 어려워하고 회피하는 증상이 더욱 심해져서 '수학 불안'이 나타난다. 숫자만 봐도 머리가 아프고 심장이 두근거리는 증상, '수학 문제'가 야기하는 이런 걱정과 공포를 심리학적 용어로 '수학 불안(math anxiety)'이라고 한다. 수학 불안은 수학 문제를 풀기 전부터 찾아온다. 앞으로 수학 시험을 볼 거라는 예고를 접한 학생들과 이 말을 들은 학생들의 뇌를 촬영해 본 결과 '수학 시험'이라는 단어를 듣는 순간부터 뇌의 특정 부위가 활성화되었는데, 그 부위는 사고나 부상으로 신체가 고통을 당할 때 활성화되는 부위였다. 즉, '수학 불안' 정도가 높은 사람은 '수학'이라는 단어만 들어도 신체적 고통과 맞먹는 스트레스를 받는다. 그렇기 때문에 수학 불안은 수학 성적에 결정적인 영향을 미친다.

미국 국립 과학 재단의 지원을 받은 스탠퍼드 대학 연구팀은 수학 불안이 수학 성적을 낮추는지 이유에 대한 연구를 했다. 초등학교 2학년과 3학년을 대상으로 뺄셈 문제를 풀게 했다. 뺄셈 계산을 하는 동안 수학 불안이 높은 집단과 수학 불안이 낮은 집단의 뇌를 관찰한 결과, 수학 불안이 높은 아이들이 낮은 수학 성적을 받는 이유를 알 수 있었다.

　수학 문제를 푸는 동안, 수학 불안 정도가 높은 아이들의 뇌는 계산을 하는 데 집중한 게 아니라 불안과 공포를 해결하는 데 집중했다. 뇌가 공포를 먼저 처리하려고 했던 이유는 수학 문제가 주는 공포의 세기가 너무 강했기 때문이다. 바로 뱀을 만났을 때와 맞먹는 공포였다. 결국 수학 불안이 높은 아이들은 정해진 시간 내에 정확한 계산을 하지 못했다. 연구진은 수학 불안을 없애야 수학 성적을 높일 수 있다고 말한다. 수학 문제를 푸는 기술보다 수학 불안을 해소할 수 있는 기술이 수학 시간에 학생들이 겪어야 하는 고통의 크기를 줄여줄 수 있지 않을까?

　학년이 올라갈수록 수학 불안에 시달리고 결국 학습을 기피하게 되어 서술형, 방정식과 같은 복잡한 문제를 회피하는 두뇌가 만들어진 것은 어려서부터 과도한 선행학습이나 주입, 단순 반복 학습만을 되풀이한 결과라고 볼 수 있다. 단순한 것을 빠르게 푸는 능력은 뛰어나지만 반대로 복잡하고 생각을 많이 해야 하는 문제를 푸는 능력은 떨어질 수밖에 없다. 심리적으로 누군가가 아이에게 학습을 함에 있어 윽박지르는 태도를 가졌던지 무리하게 많은 양의 문제를 요구해서 아이가 학습에 대한 스트레스를 지속적으로 받은 경우에도 이런 증상이 나타난다. 학습의 스트레스를 많이 받은 아이는 공부를 회피하게 된다. 단순 학습에 길들여진 아이들은 레고를 조립하거나 게임은 두 시간씩 집중하다가도 공부만 하자고 하면 10분도 되지 않아 물먹고 싶고, 화장실 가고 싶고, 냉장고를 열었다 닫았다하는 아이가 되는 것이다. 이렇게 공부에 대한 잘못된 인식을 유아기 때 심어놓으면, 연령이 올라갈수록 학습에 흥미를 느끼지 못하고 결국 머리는 좋은데 공부를 하지 않으려고 하는 아이가 되어 버리고 만다.

수리력 훈련 방법 -학습 민첩성을 키워주는 부모

수리력은 추리력과 깊은 관련이 있다. 수리력과 추리력의 관계를 학습의 친밀도라고 한다. 서로 균형을 이룰 때 공부를 좋아하는 아이가 된다. 추리력과 어떤 관계에 있는가에 따라서 학습에 대한 스트레스가 얼마나 있는가도 알 수 있다. 수리력이 추리력보다 낮아 문제를 늦게 푸는 아이들은 연령이 올라가면 시간이 없어서 문제를 못 푸는 아이가 된다. 이런 아이들에게는 두뇌를 빠르게 회전하는 훈련을 해야 한다.

첫째, 학습 스트레스가 있는 아이는 놀이중심학습을 한다.

심리적으로 스트레스가 있는 아이들은 학습에 대한 흥미가 없다는 것이다. 학습을 하려고도 하지 않고 피하려고만 한다. 왜냐하면, 학습을 하면서 성취에 대한 흥미를 느끼지 못하기 때문이다.

이런 아이들에게는 단순한 학습지보다는 교구를 사용한 놀이중심학습을 해볼 필요가 있다. 학습이 놀이라는 생각이 아이의 뇌에 각인될 때까지는 교구나 지형지물을 이용한 학습이 바람직하다. 숫자판을 이용한 학습, 간판을 이용한 글자 공부, 버스번호, 간판 속 전화번호, 마트에서 물건 세기, 가격 읽어보기 등 우리 주변에는 모든 것이 아이들에게 있어서 훌륭한 학습도구가 될 수 있다. 비싼 교구가 아니라도 학습으로 훌륭한 교구로 활용할 수 있다. 교구를 통해 원리를 터득하고 이해한다면 당장 학습에는 떨어져 보일지 몰라도 연령이 올라가서는 반드시 학업성취도가 높게 나타날 것이다.

둘째, 교구나 물건 또는 손을 사용해서 수를 재미있게 인지하게 한다.

다양한 교구를 활용한 수의 원리를 가르쳐야 하고, 연령이 올라가면서 수학과 과학의 원리를 파악하는 동화책이나 문제를 다루도록 해주면, 더 깊이 이해하고 흥미를 느끼게 된다. 물건을 가지고 수 세기를 빠르게 하는 훈련을 시키고, 단순학습보다는 원리를 생각하게 하는 놀이나 학습이 두뇌발달에 효과적이다. 예를 들어 바둑알을 가지고 '3 더하기 4는?' '5 더하기 2는?' 빠르게 셈을 만들어 보게 한다든지, 손가락을 활용해서 빠르게 수 세기를 시키는 훈련도 뇌 발달에 도움이 된다. 예를 들어 '합이 7'하고 문제를 내면서 엄마가 손가락 두 개를 내밀면, 아이는 '5'라고 크게 말하면서, 한 손 또는 두 손을 이용해 손가락 다섯 개를 펼치는 방법으로 훈련한다. 이때 최대한 빨리하도록 하는

데 숫자를 귀로 듣고 머리로 생각하여 빠르게 행동으로 옮기는 훈련이다. 이런 훈련을 할 때는 또래끼리 게임식으로 하면 더 효과적이다. 머리로 셈하는 훈련도 두뇌발달에 도움이 된다.

초등 수리력 훈련 방법

[초등 저학년]

* 훈련을 통해 수리력의 기초가 되는 추상력과 언어사고력을 키워준다.
* 실생활에서 계산을 정확히 하는 습관을 길러준다.
  · 마트에서 물건 세기, 가격 읽어보기, 과자로 도형 매칭하기, 식탁에서 수학 놀이
    도형 놀이(신문지, 케이크, 빨대 이용), 머릿속 암산, 숫자 카드놀이, 퍼즐, 블록 등
* 문제의 개념과 원리를 정확하게 파악하도록 한다.
* 문제를 풀 때 시간을 정해 놓고 풀어보는 훈련을 한다.
* 구구단을 빠르게 순서대로 또는 역순으로 외우게 한다.
* 계산식 문제를 풀 때는 깨끗하게 노트 필기하는 습관을 길러준다.
* 설명을 해도 모르는 문제는 답안을 보고 풀이 과정을 따라 써보게 한다.
* 수준에 맞고 재미있는 수학(동화)책, 과학(동화)책을 읽는다.

[초등 고학년]

* 추상력(사고력, 이해력), 언어사고력(독해력, 구사력)을 키워준다.
* 교과서(수학) 중심으로 학습하는 습관을 길러준다.
* 문제의 개념과 원리를 정확하게 파악하도록 하고 정확한 계산력을 키워준다.
* 시간을 정해 놓고 문제를 풀고 시험을 보는 훈련을 한다.
* 문제를 풀 때는 깨끗하게 노트 필기하는 습관을 길러준다.
* 설명을 해주어도 이해를 못하는 문제는 답안 속 풀이 과정을 써보게 한다.
* 한 문제를 다양한 방법으로 분석하여 계산하는 훈련을 한다.
* 한 문제라도 이해가 될 때까지 계속 풀고 찾아보는 습관이 필요하다
* 다양하고 재미있는 수학, 과학 관련 책을 많이 읽는다.

유아 수리력 교육 훈련방법 핵심정리

기능적 훈련방법

① **생활 속에서 자연스럽게 수와 수량을 익힌다.**
- 기수(基數-기본수), 서수(序數-순서) 개념 익히기 : 밀가루 반죽, 땅콩, 바둑알, 알사탕, 빨대 단추, 돌멩이, 주사위, 공깃돌, 종이컵, 삶은 달걀, 시계, 달력, 엘리베이터, 계단 등
- 수량 개념 익히기 : 한 마리, 한 개, 한 병, 한 송이("사탕은 두 개만 먹자", "계란이 몇 개?")
- 실생활(대화) 속에서 : 버스 번호, 간판에서 전화번호, 마트에서 물건 세기, 가격 읽어보기 과자로 도형 매칭하기, 식탁에서 수학놀이, 도형놀이(신문지, 케이크, 빨대 이용) 등

② **눈으로 확인할 수 있는 물건을 통해 크기, 무게, 길이, 높이에 대한 개념을 익힌다.**
- 엄마랑 아이의 손 크기 비교, 자·끈으로 길이재기, 저울로 무게 비교하기 등

③ **여러 가지 기준에 따라 분류하고 순서 짓기 활동과 놀이로 수 개념을 익힌다.**
- 물건(단추) 분류 : 색이 같은 것, 크기가 같은 것, 구멍 수가 같은 것 분류

④ **장난감 정리, 교구, 블록을 가지고 집합 개념을 익히는 연습을 한다.**
- 색깔, 모양별로 세어보고 분류하기, 완성 후 분류하여 정리하면서 수 개념 익히기

⑤ **손으로 하는 수 놀이, 숫자판 놀이로 좌우뇌를 균형 있게 발달시킨다.**
- 수 놀이 : 엄마가 손가락 7개 펴면, 아이는 손가락 3개를 내민다. (합 '10' 만들기)
- 숫자판 놀이 : 숫자판에 있는 수를 두 손으로 짚어 합이 '10' 이 되도록 한다.

⑥ **물건을 통해 계산을 빠르고 정확하게 하는 습관을 길러준다.**
- 바둑알을 가지고 빠르게 셈을 만들어 보게 한다.(예> '삼 더하기 사는?')

⑦ **단순 반복 학습, 계산 학습, 주입 학습으로 수리가 높으면 중단하도록 한다.**

⑧ **수학 그림(동화)책, 과학 그림(동화)책을 읽어 준다.**

⑨ **연령에 맞는 수학 그림(동화)책을 읽어주고 수 개념을 학습한다.**
- 만 2세 : 색을 구분하는 공간 감각이 생김-크기, 양, 길이 개념(크고 작음, 많고 적음, 길고 짧음)
- 만 3세 : 좌우뇌가 통합되는 시기-모양, 크기에 따른 분류 개념(숫자 크기, 선 긋기, 색칠하기)
- 만 4세 : 숫자에 맞춰 개수를 대응하고 물건으로 간단한 덧셈 가능 시기(대응, 규칙성, 도형)
- 만 5세 이상 : 음악, 미술 등 다른 영역과 연결하여 수학 개념을 배우는 시기(연산, 스토리텔링)

부모 역할

① 아이가 수학 경험을 즐겁게 쌓을 수 있도록 실생활에서 도와준다.
② 스스로 생각하고 말할 수 있도록 수학놀이를 통해서 기회를 많이 준다.
③ 생활 속에서 다양한 체험으로 수학적 용어를 자주 사용하도록 해준다.
④ 수학은 모든 학문에 기초이므로 다양한 상상력을 발휘하도록 자극해준다.
⑤ 초등(입학 전)부터는 수학교과서 낭독을 시켜 이해력을 키울 수 있도록 도와준다.

과학의 날개를 달자

추리력

추리력이란 복잡한 계산능력이며 과학의 범주이다. 이미 알고 있는 정보를 종합하고, 논리적인 분석을 통해 아직 드러나지 않은 사실을 정확하게 유추하여 판단하는 사고능력이다. 추리력은 한 문제를 깊이 있게 생각하는 힘을 말한다. 쉽게 설명하자면 수리력이 수학이라면, 추리력은 과학이라고 생각하면 된다. 수리력이 높게 나타나고 추리력이 약한 아이들은 단순한 것은 잘하는데 복잡하고 어려운 것은 못하는 아이가 된다. 당연히 학년이 올라가면서 성적이 떨어질 가능성이 높다. 고무를 발명한 찰스 굿이어의 이야기를 통해 추리력에 대해서 한번 생각해 보자.

깊은 고민에 잠긴 남편 앞에 아내가 갓 구워 낸 먹음직스러운 빵을 식탁 위에 올려놓았다. "여보, 이 빵은 이제까지 없던 거예요. 드셔보세요." 남편이 자세히 살펴보니 아내가 내놓은 빵은 이전의 것들과 달랐다. 잔뜩 부풀어 있었고, 누르면 아주 얇게 줄어들었다. "아니, 여보 이걸 어떻게 만들었소?" 아내는 빙그레 웃었다. "베이킹파우더를 넣었지요." "맞아! 바로 그거야! 베이킹파우더를 좀 줘보시오." 그는 작업실에 들어가 망설임 없이 베이킹파우더를 고무 원료에 섞어보았다. 찰스 굿이어가 고무의 혁명으로 불리는 스펀지 고무를 발명할 때의 일화이다. 이후 고무는 바퀴, 허리띠, 끈, 충격 완화 장치, 장화, 구두 등에 걸쳐 폭넓게 사용되기 시작했다.

굿이어가 빵에서 스펀지 고무의 아이디어를 떠올리게 된 것은 남보다 비상한 두뇌를 가져서가 아니다. 이 문제에 대해 오랜 기간 깊이 고민하고 생각했기 때문이다. 아이디어가 떠올랐을 때 작업실에 들어가 이미 알고 있는 정보를 종합해서 고무 원료에 베이킹파우더를 넣으면 굿이어가 예측한 고무를 발명할 수 있다는 유추하는 힘이 있었기 때문에 가능했던 것이다. 이런 사고능력이 바로 추리력이다. 굿이어의 고무 발명을 통해 우리가 알아야 하는 것은 추리력도 수리력과 같이 추상력과 언어사고력의 결과로 산출되는 힘이라는 것이다. 추상력과 언어사고력이 기반이 되지 못한다면 추리력은 엉뚱한 결과를 가져온다.

20세기 에디슨의 전구 발명부터 컴퓨터의 발명까지, 세상을 바꾼 창조물의 대부분은 축적된 정보와 끊임없이 문제의식을 가지고 좋은 해결책을 찾아 다른 사람의 두 배, 세 배를 고민하고 끈기 있게 생각하고 실천하는 사람에게만 주어지는 선물이었다는 사실은 잊지 말아야 한다.

추리력이 좋은 아이들은 어떤 특징을 가지고 있는지 알아보자. 추리력이 좋은 아이들은 생각하는 것과 행동하는 것이 매우 적극적이고 분석적이며 지적인 욕구가 강하다. 하나를 가르치면 열을 아는 분석력이 있고 문제를 끈기 있게 풀려고 노력하며 미래 지향적인 성격을 가지고 있다. 그러나 추리력은 좋은데 수리력이 낮다면 시간 개념이 약하고 민첩성이 부족한 아이가 될 수 있다.

"엄마~ 공부! 공부는! 제발~", "휴~ 공부하기 힘들고 싫다.", "엄마 ~ 싫어~ 싫어 나가서 놀 거야~", 늘 생각하는 것을 싫어하고, 책을 읽어주면 얼마 지나지 않아 산만해지고 집중하지 못 한다. 잘 보고, 잘 듣고, 잘 읽는 것을 이해하는 뇌의 힘이 약하다.

추리력이 낮은 아이들은 생각하고 행동하는 영역이 좁아 매우 단조로운 사고력과 행동 패턴을 가지고 있으며 일을 계획하고 전개하는 일을 잘 못한다. 매사에 소극적이고 보수적이며 모험심이 약하다. 학습적으로 복잡한 문제를 분석하는 능력이 약하고, 문제를 깊이 생각하지 못해서 공부를 해도 비능률적이고 효과가 적다. 예습은 엄두도 못 내고 복습하는 정도로 만족하는 경향이 있다.

추리력 훈련 방법 –문제해결력을 키워주는 부모

추리력은 공부하는 끈기의 척도이다. 수치의 높낮이가 아니라 수리력과의 연관성을 보아야 한다. 수리력보다 추리력이 현격하게 낮은 아이들은 학습을 기피하는 아이가 된다. 추리력이 수리력보다 높으면 공부하는 끈기가 있어 학년이 올라 갈수록 공부를 잘하고, 낮으면 어렵고 힘든 과제를 해결하는 힘이 약하고 신체적으로 '세월아~ 네월아~'하는 느린 경향이 있다.

첫째, 불완전 도형, 불완전 그림을 통해서 추리력을 키운다.

불완전 도형으로 추리력을 높여주는 방법으로는 숫자, 한글, 영어를 활용해서 훈련을 하는 방법이 있다. 예를 들어보면 "엄마는 숫자 '8'하면 안경이 생각나는데 너는 '8'하면 무엇이 생각나니?"(아이는 숫자 8을 가지고 연관된 사물을 생각) "엄마 저는요 눈사람이 생각이 나요.", "그렇구나. 그럼 숫자 '8'을 가지고 세상에서 가장 멋진 눈사람을 그려 보렴." 또 영어 알파벳으로는 영어 'S'로 생각나는 동물 또는 물고기를 그려보도록 한다든지, 한글 자음과 모음을 활용하여 'ㄱ'으로 생각나는 물건 그려보기 등을 꾸준하게 교육한다면 추리력을 높여주는 훈련으로 아주 효과적일 것이다. 불완전 그림은 코끼리 그림에서 코를 지우고 '향기 나는 코끼리 코'를 그려보도록 한다든지, 토끼의 귀를 하나만 그리고 다른 한쪽은 '무엇이든지 잘 듣는 토끼 귀'를 그려보도록 하면 아이는 많은 생각을 하게 되고 그 생각을 통해 자연스럽게 추리력이 향상된다.

둘째, 추리력을 올리는 방법은 문제 하나하나의 원리를 파악하고 문제의 앞과 뒤를 생각하는 습관을 길들여 준다.

간단하게 이해를 돕기 위해 예를 들어보면 '어젯밤에 냉장고에 귤을 3개 넣어놓고 잠을 잤는데 아침에 열어 보니 5개가 되었다. 어떻게 된 일일까?' 이런 문제를 아이에게 주었을 때 아이는 어제 냉장고에 귤을 3개 넣어놓은 뒤 아침까지 일어날 수 있는 일에 대하여 추리하게 된다. 그래서 이 아이는 여러 가지 각도에서 생각하게 되고 나름대로 정의를 내리게 되는데 단순하게 '내가 잠든 사이에 아빠가 2개를 넣어 놓으셨다.'라는 대답도 나올 수 있을 것이다. 이것을 공식으로 만들어 보면 '3+□ =5'라는 문제가 될 것이다. 어제 냉장고에 넣어 놓은 숫자 3, 아침에 냉장고에 있는 귤의 숫자 5 그러면 3과 5사이에 어떤 변화가 일어났는가 하는 문제이다. 여기에서 '□'는 수학에서 'x'다. 이것이 유아기 수준의 추리력 훈련 방법이다.

초등 추리력 훈련 방법

[초등 저학년]

* 훈련을 통해 추리력의 기초가 되는 추상력과 언어사고력을 키워준다.

* 즐겁게 학습할 수 있는 환경을 조성하여 학습 스트레스를 줄여준다.

 · 주머니 속(눈 가리고) 물건 맞추기, 보드, 큐브, 숫자 또는 동물카드, 퍼즐, 블록 등

* 책을 읽을 때 다음은 어떤 내용이 올지 생각하도록 도와준다.

* 문제의 원리를 파악하고 문제의 앞과 뒤를 생각하는 습관을 기른다.

 · "어젯밤 농장에 양이 2마리였는데 아침에 5마리가 되었다. 어떻게 된 것일까?"

* 연산 문제보다는 쉬운 서술형이나 응용문제를 풀어보게 한다.

* 주, 월 단위의 학습계획을 세우고, 실천하는 습관을 기른다.

* 경험, 체험, 탐구활동, 견학을 통해 다양한 정보를 경험하도록 한다.

* 수준에 맞고 재미있는 수학(동화)책, 과학(동화)책을 읽는다.

[초등 고학년]

* 추상력(사고력, 이해력), 언어사고력(독해력, 구사력)을 키워준다.

* 재미있게 학습할 수 있도록 도와주어 학습 스트레스를 줄여준다.

* 책을 읽거나 뉴스(드라마)를 볼 때 다음 내용에 대해 생각해 보는 훈련을 한다.

* 문제의 원리를 파악하고 문제의 앞과 뒤를 생각하는 습관을 기른다.

* 서술형, 응용문제를 단계적으로 풀어보게 한다.

* 글을 읽고 요점을 정리하고 뒷부분을 이어서 글로 써보게 한다.

* 글의 중심 문장 또는 제목을 찾는 훈련을 한다.

* 문제에 대한 원리를 먼저 파악하고 풀이하는 습관을 훈련한다.

* 뉴스나 신문기사 등에 보도된 사건으로, 원인과 결과를 예측해보게 한다.

* 체계적으로 학습계획을 세우고, 실천하는 습관을 기른다.

* 여러 분야의 정보를 접할 수 있도록 체험활동이나 탐구활동 또는 견학을 한다.

* 다양하고 재미있는 수학, 과학 관련 책을 많이 읽는다.

유아 추리력 교육 훈련방법 핵심정리

기능적 훈련방법

① 추상력과 언어사고력(다양한 책 읽기) 훈련을 한다.
② 일상생활과 놀이를 통해 호기심과 관찰력을 키워준다.
- 자연놀이 : 자연물(나뭇잎, 꽃잎, 돌, 흙, 바람 등)로 오감을 느끼게 한다.
- 요리놀이 : 식재료를 탐색하는 과정(속과 껍질이 다른 색, 익을 때, 자를 때, 맛보기 등)
- 질문놀이 : 질문과 발문을 자주 해서 생각을 확장시켜준다.
- 음악놀이 : 주방용품(냄비, 바구니, 그릇 등)으로 높낮이, 리듬, 소리를 느끼게 한다.
- 거울놀이 : 거울로 표정 표현하기   • 그림자놀이
③ 불완전 그림을 통해 유추 능력을 키워준다.
- 동물 : 귀 없는 토끼 〉 소리 잘 듣는 귀 그리기, 코 없는 코끼리 〉 향기 나는 코 그리기
- 사물 : 날개 없는 비행기 〉 가장 빠른 날개 그리기, 바퀴 없는 차 〉 가장 튼튼한 바퀴 그리기
④ 불완전 도형을 통해 유추 능력을 키워준다.
- 도형 : ○, □, △로 생각나는 것 그리기 • 숫자 : 1, 2, 3…8…로 생각나는 것 그리기
- 한글 : ㄱ, ㄴ, ㄷ, ㅏ, ㅗ로 생각나는 것 그리기 • 영어 : D, S, T, O…로 생각나는 것 그리기
⑤ 재미있는 두뇌발달놀이를 통해 집중력과 창의성을 키워준다.
- 주머니 속(눈 가리고) 물건 맞추기, 보드, 큐브, 숫자 또는 동물카드, 퍼즐, 블록 등
⑥ 관찰 그림(동화)책(월리를 찾아라)을 읽어주어 아이의 집중력과 학습 끈기를 키워준다.
⑦ 동물, 곤충, 사물 등을 직접 오감으로 관찰하고 그림으로 그리기, 말로 표현해보기
⑧ 과학 그림(동화)책을 읽어 주어 호기심을 갖도록 해준다.
⑨ 추리력을 높여주기 위해서는 그림(동화)책을 많이 읽어준다.
- 만 2세 : 생활 그림책, 이야기가 있는 지식 정보 그림책, 팝업북, 글 없는 그림책 등
- 만 3세 : 이야기 그림책, 수학 그림책, 자연 원리(식물, 동물도감) 그림책, 언어 그림책 등
- 만 4세 : 전래 동화(그림)책, 세계명작 동화(그림)책, 수학·과학 원리 동화(그림)책 등
- 만 5세 이상 : 창작, 지식, 문학, 영어, 동시, 역사, 위인전, 직업소개 동화(그림)책 등

부모 역할

① 새로운 경험과 체험(요리, 동물, 문화원, 농장, 박물관 등)을 하도록 도와준다.
② 아이의 생각이나 느낌을 억누르지 말고 자유롭게 생각하고 상상하는 기회를 준다.
③ 새로운 것, 낯선 것, 두려운 것을 친숙하게 받아들이도록 도와준다.
④ 아이가 관심을 가지는 대상을 중심으로 여러 가지 경험을 하도록 도와준다.
⑤ 초등(입학 전)부터는 교과서 낭독을 시켜 이해력을 키울 수 있도록 도와준다.

마음의 날개를 달자

협응력

협응력이란 심리적으로는 마음, 기질이며 기능적으로는 집중력이다. 협응력은 좌우뇌 기능이 하나의 목적을 위하여 서로 협력하여 좌우뇌의 균형과 조화로운 네트워크 결과를 낳게 하는 중요한 역할을 한다. 협응력은 결국 이루고자 하는 목표나 목적을 달성하기 위한 좌우뇌의 기능을 조화롭게 나누고 균형 있게 연결해주는 좌우뇌의 다리이다. 몸이 불편한 학생의 이야기를 통해 협응력에 대해서 한번 생각해 보자.

교육대학교를 졸업하고 교생 실습을 마치고 담임을 맡게 된 선생님이 있었다. 선생님이 맡은 반에는 몸이 아주 많이 불편한 학생이 있었는데 그 학생은 항상 휠체어를 타고 다녔다. 선생님은 어느 날 반 학생들에게 '내가 다시 태어난다면'이라는 주제로 글짓기를 시켰는데 휠체어를 탄 학생의 글이 선생님을 놀라게 했다. 그 학생의 경우 다시 태어난다면 몸이 불편하지 않은 비장애인으로 태어났으면 좋겠다는 그런 글을 쓸 줄 알았는데 그게 아니고 이렇게 썼다고 한다.

"내가 다시 태어난다면, 내 어머니의 어머니로 태어나고 싶다. 이 생에서 내가 어머니의 고마움에 보답하며 사는 건 나 때문에 어머니가 너무나 힘들었기에 제발~ 제발~ 다음 생에선 내 어머니의 어머니로 태어나서 그 무한한 사랑과 정성을 갚고 싶다!"

휠체어를 타고 다니는 학생의 글이 잔잔한 마음에 진한 파동으로 이어진다. 불평불만을 하기보다 부모님께 받은 사랑을 감사히 여기는 마음이 따뜻한 아이! 불우한 환경이지만 가진 것에 감사할 줄 알며 자기의 삶을 이겨나가는 근성이 있는 아이! 바로 이런 아이가 협응력이 좋은 아이이다. 그리고 이런 굳건한 마음과 사랑의 마음이 부모가 아이들에게 물려주어야 할 유산이 아닌가 한다.

심리적으로 본 협응력- 마음, 기질

유아 시기에는 원 성격이 약하게 보이고 또한 우뇌의 열정 지수에 가려 원 성격이 보이지 않을 수도 있다. 그래서 유아기의 성격을 가짜 성격이라고 한다. 그러나 초등학교에 입학하고 나면 원 성격이 나타나기 시작해 만 10세가 되면 성격을 형성하게 된다.

협응력이 낮으면 내성적 기질을 잠재적으로 가지고 있어서, 집에서는 말을 잘할 수 있으나 새로운 환경이나 낯선 사람을 만나는 경우 자기주장을 잘하지 못한다. 특히 시각적통찰력까지 약한 경우에는 눈치를 보거나 자신감이 부족해서 이러한 현상이 더 심하게 나타날 수 있다.

협응력이 좋은 아이들은 어떤 특징을 가지고 있는지 알아보자. 협응력이 좋은 아이는 기질과 집중력이 좋아 무슨 일을 하든 빠르고 정확하게 익혀나가기 때문에 똑똑한 아이로 보인다. 물체의 특성을 잘 기억하고, 정확하게 표현하며, 집중력이 높아 학습 적응을 잘하고, 끈기가 있어 학습성취력이 좋다. 그러나 우뇌에서 협응력만 높다면 자기주장이 강해 사람들에게 상처를 주기도 한다.

협응력이 낮은 아이들의 특징

"엄마~ 엄마~ 잉~잉~잉 하기 싫어요.", "엄마~ 엄마~ 잉~잉~잉 밥 먹기 싫어요.", 늘 울음으로 해결하려고 하며, 늘 소극적이며 징징거리는 아이들이다. 적극적이고 주도적으로 하고자 하는 뇌의 힘이 약한 아이들이다.

협응력이 낮은 아이들은 마음이 여리고 표현능력이 부족하고 집중력이 약해 무슨 일을 하든지 꾸물대며 느리고 부정확하다. 또한 매사에 소극적이고 자신감이 부족하고 잘 운다. 일처리가 느리고 색칠을 해도 대충대충 하고, 글씨를 써도 삐뚤빼뚤하게 쓴다.

우뇌에서 협응력과 시각적통찰력이 낮은 아이들은 마음이 더 많이 여려 보인다. 이런 경우에는 선천적인 부모 기질에 영향을 받아 마음이 더 여리고 겁도 많을 뿐만 아니라 작은 일에도 눈물을 흘리고 쉽게 상처를 받으며 근성이 부족하여 친구관계나 학습에도 영향을 받는다.

기능적으로 본 협응력 - 공부하는 집중력

협응력이 약한 아이들은 공부하는 집중력이 약한데, 아이들의 두뇌는 공부하는 집중력, 게임하는 집중력, 조립하는 집중력이 모두 다르다는 사실을 잘 알아야 한다.

레고 조립을 잘하고 게임을 집중해서 잘해도 공부하는데 필요한 집중력이 약하면 공부를 못하게 될 수 있다. 공부하는 집중력이 약한 아이들의 증세는 학년에 따라 조금씩 다르게 나타난다. 유아기 때는 산만하고 위험한 행동을 하는 아이들과 하루종일 무슨 말인가를 중얼거리며 노는 아이들도 산만한 아이가 아닌지 의심해 보아야 한다.

초등학교 저학년에 가서도 산만한 것이 동일하게 나타난다. 수업시간에 선생님이 설명하는데 딴짓하고 있는 아이들, 예를 들어서 선생님은 열심히 설명하는데 지우개에 연필로 낙서하고 구멍을 파고 있는 아이들이 대표적이다. 그밖에 물건을 만지작거리는 아이, 책상에 앉아 다리를 움직이는 아이들은 산만한 아이라고 의심해 보아야 한다.

고학년이 되면 손동작에서 머리로 옮겨간다. 선생님은 보고 있는데 머릿속에서는 다른 생각을 하고 있다. 이런 아이들은 학교에 가면 공부하는 것이 아니라 앉아는 있지만 생각은 딴 곳에 가 있다. 이런 아이들에게 좋은 성적을 기대하기란 어려운 문제다. 어떤 어머님들은 어려서는 다 그렇고, 크면 좋아지는 것 아니냐고 말하는데 그렇지 않다. 대부분의 아이는 어려서 산만한 것을 방치하면 학년이 올라가서도 산만한 아이가 된다.

협의의 협응력은 정확한 관찰 능력과 그것을 정확하게 묘사하는 기술 능력을 말한다. 또한 협응력은 좌우뇌 기능 분할 능력이라고도 한다. 예를 들어 백지 위에 어떤 그림을 그린다면 눈으로 관찰할 때 좌뇌 기능이 필요하고 손으로 그리는 기능은 우뇌의 기능이 필요하다. 이 때 서로의 기능이 협력하고 조화를 이루어야 아름다운 그림이 그려지는 것이다. 그리고 제시된 모형을 보고 규칙적인 점판 위에 선을 그어 제시된 모형과 똑같게 표현하는 능력도 협응력의 일부이다.

협응력 훈련 방법 – 적극적인 성격을 만드는 부모

우뇌에서 협응력이 '가장 높아 마음에 뿔이 났다면' 고집이 세고 집착이 강한 아이이며, '협응력이 닫혀 있어 아래쪽으로 뿔이 났다면' 겁이 많고 마음이 여려 잘 울고 집중력이 약한 아이이다.

첫째, 심리적으로 자신감을 가질 수 있도록 도와준다.

어떤 일이든 스스로 결정할 수 있도록 도와주고 여러 사람 앞에 나설 기회를 자주 주어야 하며 낯선 사람들과 대화할 기회를 의도적으로 만들어주어야 한다. 작은 일을 크게 칭찬하여 자신감을 가질 수 있도록 하고 적극적인 성격이 되도록 해야 한다. 마음이 여린 아이들은 크게 소리를 지르거나 윽박지르는 것은 도움이 안 되며 구체적인 칭찬과 격려를 많이 해주어야 한다.

둘째, 밤에 훈련을 시킨다.

　마음이 여린 아이는 밤에 부모님과 산책을 하고, 집에서는 불을 끈 후 인형이나 장난감을 가져오는 훈련이 마음이 여린 것을 고치는 데 도움이 된다. 또한 7세 정도에는 혼자 재우는 훈련을 하게 되면 더욱 효과적이다. 혼자 재우는 훈련을 할 때는 분리불안이 발생하지 않도록 아이의 방에 조명등을 준비하여 안락하게 해주어야 한다. 초등학교 입학 전에는 밤에 심부름을 시켜 더욱 담대하게 키우도록 해야 한다.

　밤에 훈련시킬 때 주의해야 할 것은 급진적인 훈련보다는 점진적인 훈련을 통해 변화를 주어야 한다. 예를 들어 산책을 처음 시작할 때에는 손을 잡고 공원 등을 산책하는 것부터 시작하고 아이가 점점 적응을 잘하게 되면 한두 걸음 앞에 세우고 뒤를 따라가도록 하여 아이의 불안 심리를 없애주면서 훈련을 시키게 되면 스스로 잘 적응하게 된다.

셋째, 학습적으로 집중력을 강화시킨다.

　연필을 사용하여 점선으로 연결되어 있는 그림을 따라 그리기를 하거나 왼손으로 색칠하는 훈련을 하게 되면 우뇌의 협응력이 올라가 마음이 여린 것을 고칠 수 있으며 집중력이 좋아져서 끈기와 근성이 있는 아이로 성장하게 된다.

또한 글자를 쓸 때 반듯하게 쓰도록 하는 훈련도 효과적이다. 그러나 학습을 통해 협응력을 훈련시킬 때에 무리하게 시키게 되면 오히려 마음을 다치게 되므로, 칭찬과 격려 그리고 대화를 통해 점진적으로 적응할 수 있도록 도와주어야 한다.

초등 협응력 훈련 방법

[초등 저학년]

* 아이에게 공감, 존댓말, 격려, 칭찬, 보상, 포옹, 감사, 감동 표현을 해준다.
* 어둠(밤)을 이겨내는 담력훈련을 하여 담대한 성격이 되도록 훈련한다.
  · 혼자 잠자기, 밤에 산책하기, 밤에 심부름 훈련 등
* 새로운 것(모험, 캠프, 체험, 등)을 시도할 수 있도록 하여 도전성을 키워준다.
* 약속은 꼭 지키고, 기준과 일관성이 있는 훈육(상, 벌 등)을 해야 한다.
* 옳고 그름을 가르치는데 주저하지 말고, 명확한 규칙은 절대 물러서서는 안 된다.
* 자존감, 공감능력, 긍정성, 적극성을 키워 감정 통제력, 충동 통제력을 키워준다.
* 좋아하는 운동으로 지구력을 키워주고 집중력과 끈기를 키워준다.
* 이야기할 수 있도록 기회를 자주 만들어 주어 발표력과 표현력을 키워준다.
* 책을 바른 자세로 큰소리로 읽고, 사람들 앞에서 발표하는 훈련을 한다.
* 단어 캔슬링 훈련(교과서, 신문), 단어 퍼즐, 사전 빠르게 찾기, 작은 네모 칸에 반듯하게 글자 쓰기 등
* 협응력만 높아 고집, 집착이 세다면 존중, 배려, 협동, 협력 포용력을 키워줘야 한다.

※ 초등 고학년은 공간사고력 훈련 방법(p. 145) 참조.

유아 협응력 교육 훈련방법 핵심정리

기능적 훈련방법

① **자신감 있는 적극적인 성격이 되도록 도와준다.**
- 생활규칙(기상, 양치, 식사, 등원, 책 읽기, 잠자리 등)을 잘 지키는 훈련을 한다.
- 흥미·재미있는 작은 목표를 세우고 실천하도록 하여 자신감을 높이고 성취감을 키워준다.
- 새로운 것(모험, 체험 등)을 시도할 수 있도록 하여 호기심과 적극성을 키워준다.
- 가족 앞에서 이야기할 수 있도록 기회를 자주 만들어 주어 표현력을 키워준다.
- 아이가 주도할 수 있는 놀이, 게임, 선생님 역할하기 등을 통해 주도적인 의사표현능력을 키워준다.
- 사람들과 많이 접촉하도록 도와주고, 대응하는 방법, 도움을 청하는 방법을 알려준다.

② **마음 여린 것(잘 울고, 겁 많고, 내성적인 등)을 고치기 위해서는 담력훈련을 한다.**
- 선천적으로 마음이 여려서 잘 우는 아이는 우는 이유를 파악하고 마음을 공감해준다.
- 잘못된 행동을 고집하고 떼쓰며 우는 아이는 단호하게 중저음으로 훈육한다.
- 밤에 산책(손잡고 산책 > 뒤에서 따라가기 > 스스로 산책하기)을 한다.
- 밤에 집에서 소등 후 활동하기(물건 가져오기, 혼자 방에 5분 있기 등) 훈련을 한다.
- 밤에 혼자 스스로 자는 훈련을 하고, 잘하면 가까운 슈퍼에 심부름도 시킨다.

③ **집중력과 끈기를 향상시키는 환경을 만들어주고 교육훈련을 한다.**
- 집중할 수 있는 가정(거실, 아이 방, 독서, 식사, TV 끄기 등) 환경을 만들어준다.
- 책을 읽어 줄 때 아이 옆에 앉아서 산만할 때마다 살며시 손발을 잡아준다.
- 올바른 자세로 책상에 앉아서 책을 보고, 바른 자세와 큰 소리로 발표를 하도록 한다.
- 왼손을 사용하여 점선 따라 그리기, 점과 점을 바르게 잇기 훈련을 한다.
- 왼손으로 색칠하는 훈련을 하고, 작은 네모 칸에 반듯하게 글자 쓰기를 한다.
- 산만해서 집중력이 낮은 아이는 노는 시간을 줄여주고 노는 공간을 좁혀준다.
- 매스미디어(컴퓨터, 게임기, TV, 스마트폰 등) 보는 시간(30분 전후)을 줄여준다.

④ **협응력이 높아 기질이 강하고 고집이 세다면 인내, 배려, 양보, 포용력을 키워줘야 한다.**

부모 역할

① 자신의 욕구를 참을 수 있는 만족지연능력(절제력, 인내심)을 길러준다.
② 나쁜 감정을 마음에 품어두지 않도록 충분히 대화하고 아이의 목소리에 귀를 기울여준다.
③ 어려움을 극복하고 성취감을 느낄 수 있는 경험과 체험을 제공해준다.
④ 아이와의 약속은 꼭 지키고, 기준과 일관성이 있는 훈육(상, 벌 등)을 해야 한다.
⑤ 옳고 그름을 가르치는데 주저하지 말고, 명확한 규칙은 절대 물러서서는 안 된다.

열정의 날개를 달자

구성력

구성력이란 심리적으로는 열정, 의욕이며 기능적으로는 손의 집중력이다. 사물 또는 상황의 짜임새(구조)를 파악하고 체계화하여 대처해 나가는 능력이다. 복잡한 구조를 일목요연하게 파악하고 발전적 새 구성을 통해 적응해 나가는 힘이 곧 구성력이다. 지식과 경험을 기반으로 분석하는 능력과 새로운 발전을 위해 대응해 나아가는 열정이며 손으로 하는 집중력이기도 하다. 구성력은 자기 스스로 하려고 하는 능동적인 힘이며 자기주도 학습능력이다. 심리학자 맥퍼슨의 연구 사례를 통해 구성력에 대해서 한번 생각해보자.

심리학자 맥퍼슨은 악기를 연습 중인 어린이 157명을 추적해 보았다. 9개월쯤 후부터 아이들의 실력이 크게 벌어졌다. '거참 이상하네, 연습량도 똑같고 다른 조건도 다 비슷한데 도대체 왜 차이가 벌어지는 걸까?' 그는 문득 연습을 시작하기 전 아이들에게 던졌던 질문을 떠올렸다. "넌 음악을 얼마나 오래 할 거니?" 아이들의 대답은 크게 세 가지였다.

"전 1년만 하다가 그만둘 거예요."

"전 고등학교 졸업할 때까지만 할 거예요."

"전 평생 연주하며 살 거예요."

아이들의 실력을 비교해보고 깜짝 놀랐다. 평생 연주할 거라는 아이들의 수준이 1년만 하고 그만 둘 거라는 아이들보다 훨씬 높았기 때문이었다. 똑같은 기간 동안 연습을 했는데도 말이다.

결론은 자명하다. 1년만 하고 그만둘 아이는 자신을 음악가라 생각하지 않은 반면 평생 할 거라는 아이는 자신을 음악가라고 생각한 것이다. 누가 연습을 많이 하고 성공을 할까? 바로 자신의 미래에 대한 확고한 목표와 신념을 기반으로 한 열정이 있는 아이가 성공할 것이다. 성공은 열정의 깊이에 있다. 부모는 아이들에게 자존감과 자신감을 키워주어 앞으로 사회에 기여하는 주인공이 되도록 노력해야 한다.

구성력이 좋은 아이들은 어떤 특징을 가지고 있는지 알아보자. 구성력이 좋은 아이들은 상황 파악을 잘하고 기획성이 뛰어나 무슨 일을 추진하든지 철저하고 빈틈없는 계획과 추진력을 가진다. 또한 원리 파악과 환경 적응이 빨라 매사에 능률적이고 적극적이다. 학습적으로는 공부를 해도 대충하는 것이 아니라 분석적인 방법으로 하며, 노트 정리를 짜임새 있게 잘하고, 도형이나 퍼즐처럼 복잡한 그림의 부분 구조를 쉽게 알아낸다. 그러나 우뇌에서 구성력만 높으면 사람에 대한 스트레스를 갖고 있다고 보아야 하므로 주의를 요한다.

구성력이 낮은 아이들의 특징

"엄마 밥 먹여주세요.", "엄마 옷 입혀주세요.", "엄마 이거 어떻게 해요?", "엄마 책 읽어주세요." 늘 엄마를 찾고, 늘 엄마 옷자락을 붙든다. 스스로 하고자 하는 뇌의 힘이 약하다.

이렇게 구성력이 낮은 아이들은 핵심 파악이 둔하고 사물에 대한 구조를 파악하고 인식하는 힘이 약하다. 스스로 하고자 하는 의욕이 없어 복잡한 것과 다양한 것을 접하면 쉽게 싫증을 느끼고 늘 단순한 것을 선호하며 매사에 자신감이 없다. 학습적으로는 공부를 해도 원리 파악이 잘 안 돼 깊이 파고들지 못하고 건성으로 하며 손재주가 없어 가위질이나 종이접기 등에 약하다. 손톱을 물어뜯거나 빠는 경우도 있다. 이러한 무기력한 증상은 대부분 부모가 많이 챙겨서 키운 경우나 동생이 태어나 "엄마는 나만 미워해!"하는 아이 또는 분리불안으로 인해 애정결핍이 있는 아이들에게서 많이 나타난다.

구성력 훈련 방법 -스스로 하도록 도와주는 부모

우뇌에서 구성력이 '가장 높아 열정에 뿔이 났다면' 스트레스를 갖고 있는 아이이며, 구성력이 '닫혀 있어 아래쪽으로 뿔이 났다면' 부모가 과잉 보호를 하거나 챙겨 키워서 스스로 하고자 하는 열정이 부족한 아이이다.

첫째, 독자이거나 챙겨 키운 아이들은 자기 일을 스스로 하도록 하고 엄마의 일을 도와주게 한다.

아이 스스로 옷을 입고 밥을 먹을 수 있도록 도와주고, 유치원이나 어린이집에 가져가야 하는 준비물도 스스로 챙길 수 있도록 도와준다. 또한 작은 물건을 들고 갈 때도 아이와 나누어서 들도록 하고 동생을 돌보는 일도 하도록 하며 심부름도 많이 시켜 무엇이든지 자기 일을 스스로 하는 것은 물론 더 나아가 다른 사람을 도와줄 수 있는 훈련을 시켜야 한다.

어려서부터 어떤 옷을 입고 유치원이나 어린이집에 갈지 스스로 생각해 보고 직접 찾아서 입게 한다. 그리고 어떤 반찬이 맛있는지 생각해 보고 그 반찬을 먹도록 한다. 다음 날 준비물이 무엇인지 생각해서 챙기는 아이는 자기 두뇌가 자기 몸을 조절할 수 있는 아이로 성장한다. 나의 몸은 내 두뇌의 지시를 받아 움직여야 한다. 본인 생각을 행동으로, 즉 본인의 두뇌에서 지시한 대로 몸을 움직여야 하는데 가정에서 다 챙겨준 아이는 그렇지 않다. 본인이 생각하기도 전에 다 챙겨준 결과 머리 따로 몸 따로의 상태가 되기 쉽다. 이런 아이는 커가면서 스스로 찾아서 하는 힘이 약해지고 나중에는 무기력증에 빠져 버리고 만다.

만약 색종이를 가지고 와서 "엄마 바지저고리 어떻게 접어요?"라고 물을 때, 색종이를 반 접고 다음에는 이렇게 아이가 해 볼 수 있도록 지도하는 부모님이 계신 반면 "색종이 이리 줘봐, 내가 접어줄게." 이렇게 말하는 부모도 있다. 부모 입장에서 쉽고 단순한 것은 해줘 버리는 것이다. 그러나 아이가 해야 할 일을 부모가 대신해주게 되면 아이의 두뇌에서는 문제가 발생하게 되어 무슨 일이든지 의지하려고 한다.

이런 아이는 무엇을 어떻게 실천해야 하는지 알지 못한다. 더 안타까운 것은 다 큰 어른이 되어서도 스스로의 일을 알아서 잘하지 못한다. 스무 살이 넘고 서른이 가까워져도 자기의 미래에 대하여 생각이 없고 스스로 행동하지 못하는 문제가 발생하게 된다. 이제부터 아이 스스로 할 수 있도록 지켜봐 주고 작은 것이라도 부모님을 도울 수 있는 훈련을 시켜야 한다.

둘째, 동생이 태어나서 "엄마는 날 미워해"하는 아이는 스킨십을 통해 엄마와의 따뜻한 관계를 확인시켜준다.

"엄마가 너를 제일 예뻐하는 것 알지?" 하면서 5~10초 이내로 자주 안아 준다. 10초 넘게 오랫동안 아이를 안아주게 되면 아이는 엄마의 품에서 더 오래 있으려고 하고 나아가 더 의지하려는 아이가 되기 때문에 10초 이내로 자주 안아주어 사랑을 확인시켜준다.

아이에게 엄마의 애정표현 방법 중 가장 중요한 것이 스킨십이고 따뜻한 언어이다. 아이가 '엄마는 날 미워해'라고 생각한다는 것은 애정표현이 부족하다는 것을 말하고, 이런 아이들은 두뇌에서 중요한 역할을 하는 해마라는 기능의 발달에 지장을 받게 된다. 엄마가 보지 않는 곳에서 동생을 꼬집고 심한 경우에는 때리고 상처를 내는 난폭한 성격의 아이가 될 수도 있는 것이다.

유아기 아이들 대부분은 우상이 엄마라고 보면 된다. 그래서 엄마에게 칭찬받고 싶고, 엄마에게 잘 보이고 싶고, 엄마 옆에 있고 싶고, 엄마의 사랑을 다 받고 싶어 할 때인데, 이러한 것이 잘 이루어지지 않으면 인간관계에도 문제가 생길 수 있다. 대부분 큰아이는 엄마의 사랑을 동생에게 빼앗겼다고 생각한다. 그리고 자기의 우상인 엄마는 동생만 예뻐한다고 생각을 하게 되고 이것을 확인하기에 이른다. 어느 날은 자기가 동생처럼 행동도 해보고 어리광도 부려본다. 이것은 자기도 엄마에게 관심을 받고 싶어 한다는 표현이다. 그러나 이러한 표현을 무시하고 넘어가 버리면 마음을 다치게 되어 심리적으로 엄마는 자기를 예뻐하지 않는다고 하는 생각의 스키마(schema-마음의 모델)가 형성되고, 이런 심리가 형성되면 엄마와의 관계가 멀어지게 된다. 엄마에게 짜증을 부리고 투정을 잘 부리며 더 나아가 엄마를 무시하려 들기도 한다. 때로는 유치원에서 배워온 것을 "엄마 이거 할 줄 모르지? 이것도 못하면서 뭘." 하면서 엄마와의 관계에서 엄마를 대적하려고 한다. 아이가 이런 증세를 보이면 엄마가 자기를 얼마나 사랑하고 예뻐하는지 생각이 아니라 말과 훈련으로 확인시켜주어야 한다.

셋째, 분리불안으로 애정이 부족한 아이는 안정감을 준다.

　분리불안은 애착 대상과 떨어져야 할 때나 분리가 될 것이 예감될 때, 불안해하는 정도가 일상생활이 안 될 정도로 심하거나 반복적인 경우에 나타난다. 분리불안이 더 심한 아이들은 엄마와 이별을 할 때 두통이나 복통, 구토 등의 증상이 나타나기도 한다. 유아 분리불안의 핵심은 바로 부모와 자녀 관계의 불안정한 애착이다. 엄마와의 애착이 불안정하여 엄마가 나를 버리고 가버릴지도 모른다는 마음이기 때문이다. 어린 유아들이 주 애착 대상과 혹은 익숙한 환경으로부터 분리되는 것에 대해 불안을 느끼는 것은 지극히 자연스러운 현상일수도 있지만 6~7세가 지난 후에도 이런 불안이 계속되고 정상적인 범위를 넘어서 일상적 활동에 장애를 준다면 분리불안장애까지 의심해 보아야 한다. 초등학교 학생의 약 5% 정도, 중학생의 약 2% 정도 분리불안장애가 나타난다고 한다.

유아의 경우 분리불안은 아이가 예민하고 낯을 심하게 가리는 기질인 경우, 부모가 불안이 많아 과잉보호하거나 지나치게 매사에 허용적인 경우, 아이가 혼자 있는 상황에서 심하게 두려움을 경험한 경우, 부모의 별거나 이혼 같은 불안정한 가정환경의 경우, 트라우마 또는 심한 스트레스를 겪은 경우에 나타난다.

분리불안으로 애정이 부족한 아이의 훈련 방법

엄마가 직장에서 돌아오면 집안일을 하기에 앞서, 30분 정도 집중해서 놀아주고 스킨십을 해주어 엄마의 따뜻한 사랑을 확인시켜준다. 안아줄 때마다 "엄마가 너를 제일 예뻐하는 것 알지."하고 언어로 사랑을 확인시켜준다. 또한 아이의 정서적, 신체적 요구에 일관성 있게 일정 시간 동안 규칙적으로 반응을 해주는 것도 분리불안을 해소하는데 효과적이다. 그러면 아이들은 언제든지 자신이 사랑을 받고 있고, 내가 생활하는 곳이 안전하고 편한 안식처라고 인식하게 되어 안정감을 갖게 된다.

아이 몰래 유치원이나 어린이집에 떨어뜨려놓고 오는 경우, 아이가 혼자 놀이에 집중할 때 몰래 외출하는 경우, 아이와 한 약속을 어기는 경우 등으로 아이에게 신뢰를 잃거나 또한 아이가 할 수 있다는 것까지 엄마가 다 해준다면 아이는 자신감을 잃고 새롭고 낯선 상황을 피하려고 한다. 그렇기 때문에 옷 입는 것, 밥 먹는 것, 심부름하기 등 작은 것부터 아이들이 스스로 하도록 기회를 주고 스스로 하도록 도와주어야 한다. 부모는 아이에게 잔소리보다는 구체적인 칭찬과 사랑으로 늘 아이에게 믿음을 주어야 한다. 믿음이 생기면서 아이는 분리불안이 완화된다. 부모의 이러한 노력이 일관되게 계속되면 아이는 점차 안정을 찾아가게 된다. 이런 행동과 언어를 통한 애정표현은 아이의 두뇌에서 세로토닌이라는 호르몬을 분비시켜 마음을 안정시키고 두뇌발달을 촉진시키게 되어 분리불안에서 벗어나게 해준다.

넷째, 학습적으로 만들고, 오리고, 그리고, 붙이는 활동을 하게 한다.

구성력이 낮은 아이들은 손과 머리를 사용하는 작업에 약한 아이들이다. 다시 말해 인장력이 약한 아이들이며 미술을 잘 못하는 아이라고 보면 될 것이다. 만들고, 오리고, 그리고, 붙이는 능력이 약한 아이들인데 이러한 구성력을 올리는 훈련은 손을 사용한 놀이 훈련을 많이 시키면 된다. 예를 들어 조립식 퍼즐이나 종이접기, 찰흙이나 나뭇조각을 이용해서 모형 만들기를 훈련시키면 효과적이다.

다섯째, 스트레스가 있는 아이는 원인을 찾아 해소해야 한다.

아이들이 스트레스를 받는 가장 많은 원인은 엄마, 아빠의 심한 잔소리(큰소리, 윽박지름)이다. 또 하나는 친구관계이다. 친구들을 리드하고자 하는 열정에 비해 친구들이 따라주지 않으면 아이는 더 잘하려고 하다 보니 스트레스를 받는 아이가 된다. 스트레스를 잘 받는 두뇌적인 원인은 협응력이 낮아 마음이 여리거나 시각적통찰력이 낮아 눈빛이 약해 나타나는 현상이다.

마음이 여린 아이들은 협응력 훈련에서 제시한 것처럼 밤에 훈련을 시켜 담력을 키워주고, 눈빛이 약해 스트레스가 있는 아이는 자신감 있게 리드할 수 있도록 눈빛 훈련을 해야 한다. 밖에서 돌아오면 눈을 보고 맞이해주고, 책을 읽어주거나 대화를 할 때도 눈을 바라보고 해야 한다. 식당에서 음식 주문과 계산을 해보게 하여 사람들을 많이 접하도록 한다. 또한 스스로 극복하고 이겨내도록 도와주며 친구들을 배려하고, 먹는 것을 양보하고, 내 물건을 빌려주는 훈련을 시키면 효과적이다. 잠을 충분히 재우고, 수영, 조깅, 자전거 타기, 줄넘기, 체조 등과 같은 신체적 운동도 도움이 된다. 아이들은 스트레스를 몸, 입, 손으로 해소하는데 구성력이 높은 아이는 손으로 스트레스를 푸는 아이로 보아야 한다. 그래서 손을 많이 사용하여 놀이를 하는데 이것을 잘 관찰해 보아야 한다. 손으로 스트레스를 푸는 경우에는 손끝을 사용한 놀이보다는 손바닥이나 신체를 사용하는 놀이로 유도하는 것이 좋다. 심리적으로는 협응력과 시각적통찰력 훈련을 시키면 자연스럽게 스트레스가 해소된다.

초등 구성력 훈련 방법

[초등 저학년]

* 학습과 일은 자기 스스로, 주도적으로 할 수 있도록 한다.
  · 일(주, 월) 계획표 작성, 책가방 챙기기, 방 정리정돈, 책상 정리, 심부름, 집안일 돕기 등
* 집안일을 결정할 때 함께 참여하도록 하고 의견을 존중해 준다.
* 형제나 친구와 비교하지 않도록 하여 열등감, 반항심이 생기지 않게 한다.
* 규칙적인 생활 습관(기상, 학습, 등교, 식사, 수면 등)을 키워준다.
* 자신이 성장하고 있다는 걸 느낄 수 있도록 끊임없이 성장 언어로 격려하고 칭찬한다.
* 새롭게 도전한 것에 대해 크게 인정해 주고, 열심히 노력한 과정을 알게 해준다.
* 작은 목표를 세우고 실천하여 자신감을 높이고 성취감을 맛보게 한다.
* 사물의 구조를 분해, 조립하는 것을 통해 짜임새를 파악하고 관찰하는 훈련을 한다.
* 헌 옷에 그림 그리기, 신문지 도형 접기, 피셔팁, 보드게임, 가베, 은물, 프라모델 등
* 구성력만 높아 스트레스가 있다면 그 원인(부모, 형제, 친구 등)을 찾아 해결해준다.

[초등 고학년]

* 스스로 계획을 세워 자기주도적으로 실천하도록 한다.
* 자존감을 높이기 위해, 장점이나 잘하는 점만을 매일 격려하고 칭찬한다.
* 집안일을 결정할 때 함께 정하거나 선택권을 주고, 그 선택을 존중해 준다.
* 열등감, 반항심이 생기지 않도록 다른 사람과 비교하지 말고, 체면을 세워준다.
* 기상, 학습, 등교, 식사, 수면 등이 규칙적인 습관이 되도록 한다.
* 자신이 성장하고 있음을 자각하도록 성장 언어를 활용해 지속적으로 격려하고 칭찬한다.
* 안 한 것보다 새롭게 도전한 것을 인정해 주어 열심히 한 것임을 깨닫게 해준다.
* 꿈과 목표를 세우고, 그와 관련된 분야의 역할 모델을 찾아보도록 한다.
* 진로적성을 생각해보게 하고, 직업체험을 하여 자존감을 높인다.
* 부모나 친구와의 관계를 분석해 보고 의지하려는 마음을 바꾸어 준다.
* 실천할 수 있는 작은 목표를 통해 자신감을 높이고 성취감을 맛보게 한다.
* 여러 가지 사물을 분해하고 조립하는 것을 통해 구조를 파악하고 관찰하는 훈련을 한다.
* 구성력만 높아 스트레스가 있다면 그 원인(부모, 형제, 친구 등)을 찾아 해결해준다.

유아 구성력 교육 훈련방법 핵심정리

기능적 훈련방법

① **자기 호감, 자기가치감, 자존감을 키워줘야 한다.**
- 간단한 집안일을 돕도록 하고, 그 과정을 구체적으로 칭찬, 격려해 준다.
- 집안일을 결정할 때 아이와 함께 정하거나 선택권을 주고, 그 선택을 존중해 준다.
- 실수나 잘못된 행동을 할 때 그 문제만(과거 내용 들추지 말 것) 집중해 훈육한다.
- 열등감, 반항심이 생기지 않도록 비교(형제, 친구 등)하지 않도록 하고, 아이의 체면을 세워준다.
- 아이의 장점이나 잘하는 점을 자신에게 스스로 매일 칭찬하도록 도와준다.
- 매일 마인드컨트롤하기 ('나는 멋지다!', '나는 예쁘다!', '나는 할 수 있다!')
- 자존감 훈육을 망치는 3가지 말('하지마.', '엄마가 해줄게.', '가만히 있어.')을 경계해야 한다.

② **스스로 성공을 체험하도록 도와주어, 의욕적이고 열정적인 자기주도성을 키워준다.**
- 1단계 : 세발자전거 타기, 블록 쌓기 놀이, 신발 신고 벗기 등
- 2단계 : 옷을 갈아입은 후 빨래통에 넣기, 스스로 먹기, 스스로 옷을 선택하고 입고 벗기
  양치질과 세수하기, 화장실 사용 후 스스로 변기 물 내리기, 그림 그리기 등
- 3단계 : 두발자전거 타기, 집 꾸미기, 심부름하기, 동생 돌보기, 정리정돈하기
  가벼운 물건 들기, 준비물 챙기기, 스스로 물건 구입하기 등

③ **소근육(만들기, 오리기, 그리기, 붙이기)을 발달시키는 집중력 훈련을 한다.**
- 1단계 : 포크로 물건(음식) 찍기, 낙서하기, 쉬운 블록놀이하기, 인형 목욕시키기
  똑딱단추 채우기, 구슬놀이(롤러코스터 놀이), 책장 넘기기 등
- 2단계 : 단추 채우기, 인형 옷 입히기, 책 쌓기, 공 주고받기, 숟가락으로 물 옮기기
  신발 신고 벗기, 가위로 종이 자르기, 공구놀이, 주방놀이, 준비물 챙기기 등
- 3단계 : 모래놀이, 밀가루 놀이, 음식 놀이, 헌 옷에 그림 그리기, 신문지 도형 접기
  피셔팁 보드게임, 가베, 은물, 프라모델 등

④ **구성력이 높아 스트레스가 있다면 그 원인(양육자, 형제, 친구 등)을 찾아 해결해준다.**
- 구성력이 낮은 아이는 10초 이내로 자주 안아준 후 눈을 보고 "사랑해"라고 말해준다.
- 분리불안이 있는 아이는 퇴근 후 집중해서 애정표현을 해주고 특별한 시간을 가져준다.

부모 역할

① **아이의 성과보다는 즐거움과 기쁨에 집중하고, 헬프가 아닌 서포트 훈육을 한다.**
② **아이가 좋아하고 잘하는 것을 인정하고, 지켜보고, 응원하고, 용기를 준다.**
③ **아이 스스로 자신을 긍정하고 존중하는 자존감과 잘 할 수 있다는 자신감을 키워준다.**
- '네가 있어 참 행복해.', '역시 넌 잘 해낼 줄 알았어.', '너무 자랑스러워.' 등
④ **자신이 성장하고 있다는 걸 느낄 수 있도록 끊임없이 격려하고 칭찬해준다.**
- '어제보다 빨라졌네.', '저번보다 이만큼 좋아졌네.' 등
⑤ **안 한 것보다 새롭게 도전한 것을 인정해 주어 열심히 한 것임을 알게 해준다.**
- '처음인데 이만큼이나 해냈구나! 다음엔 더 잘 할꺼야.', '열심히 했구나.' 등

눈빛의 날개를 달자

시각적통찰력

시각적통찰력은 심리적으로는 눈빛, 카리스마이며 기능적으로는 눈의 집중력이다. 미래를 예견하고 실천해 나가는 추진 능력과 자신감이다. 미래를 향한 꿈, 꿈을 현실화해 가는 능력이 시각적통찰력이며, 시각적통찰력이 좋은 아이는 앞을 바라보는 정확한 시각이 있고, 목표 추진 능력이 있으며, 성취욕구와 통솔력이 있어 크고 작은 꿈을 이루어 가는 능력이 있다. 앤드루 존슨 대통령의 사례를 통해 시각적통찰력에 대해서 한번 생각해보자.

미국의 17대 대통령인 앤드루 존슨은 긍정의 힘을 발휘했던 대표적인 사람이다. 그는 세 살에 아버지를 여의고 몹시 가난하여 학교 문턱에도 가보지 못했다. 하지만 그는 열 살에 양복점을 들어가 성실하게 일했고 돈을 벌고 결혼한 후에야 읽고 쓰는 법을 배우게 되었다. 이후에 존슨은 정치에 뛰어들어 주지사, 상원 의원이 된 후에 16대 대통령 링컨을 보좌하는 부통령이 된다. 그리고 링컨 대통령이 암살된 후 대통령 후보에 출마하지만 상대편으로부터 맹렬한 비판을 받게 되었다. "한 나라를 이끌어가는 대통령이 초등학교도 나오지 못하다니 말이 됩니까?" 그러자 존슨은 언제나 침착하게 대답했다. 그리고 이 한마디에 상황을 역전시켜버렸다. "여러분, 저는 지금까지 예수 그리스도가 초등학교를 다녔다는 말을 들어본 적이 없습니다."

세상을 바라보는 긍정적인 카리스마이다. 긍정적인 생각 없이 우리는 어느 한순간도 행복해질 수 없다. 리더의 카리스마는 강력한 눈빛이 아니라 온화한 눈빛의 카리스마이다. 어떤 불리한 상황에서도 회피하지 않고 당당하게 사람을 포용하고 이끌어가는 능력이다. 바로 이 능력이 시각적통찰력이다.

시각적통찰력이 좋은 아이들은 어떤 특징을 가지고 있는지 알아보자. "나, 반장할거야~", "나, 찍어줘." 하는 아이들 즉 시각적통찰력이 좋은 아이들은 목표를 세워 끊임없이 노력하고 목표를 향해 매진한다. 여러 가지 어려움이 닥쳐도 좌절하거나 포기하지 않고 도전하며, 통솔력이 있어 인간관계를 극복해 나가는 노력과 지혜가 돋보인다. 또한 목표를 향해 충실히 전진하고 탐구하며 노력하여 목표 달성을 잘한다. 그리고 목적한 곳으로 길을 찾는 능력도 뛰어나다. 그러나 우뇌에서 시각적통찰력만 높게 나타난다면 스크린증후군 증상이 보이는지, 만화, 판타지와 같은 책에 빠져있지는 않은지 유심히 관찰해보아야 한다.

시각적통찰력이 낮은 아이들의 특징

"엄마~ 안 할래요.", "엄마~ 난 할 수 없어요.", "엄마~ 친구들이 안 놀아줘요.", "엄마~ 유치원에 가기 싫어요." 집에서만 대장~ 안방 호랑이지만 늘 자신감이 부족하며 눈빛이 약하고 기가 눌려있어 친구들을 이끌지 못한다. 리드(통솔)하고자 하는 뇌의 힘이 약하다.

시각적통찰력이 낮은 아이들은 소극적이며 방향감각을 잘 잃는다. 낯선 자리를 싫어하고 늘 생각이 조급하며 나서기는 하나 노력에 비해 실질적 효과가 적다. 끈기가 적고 목표가 없어 포기를 잘하며 매사에 발전 속도가 느리고 성취욕구가 약하다. 친구관계에 자신감이 없고 사회성이 부족하다. 이렇게 시각적 통찰력이 낮아 눈빛이 약한 아이들은 부모의 잔소리나 윽박지름으로 기가 죽거나 형제 관계에서 눌려 있는 경우 또는 친구 관계에서 눈빛이 약해 친구를 리드하지 못하는 경우에 많이 나타난다.

시각적통찰력이 강한 아이들은 문제를 창의적으로 해결하려는 능력, 결정을 내릴 때 과감하고 신속하게 내리는 능력, 자기의 의사를 분명하게 전달하는 기술 등이 뛰어난 아이로 성장한다. 그러나 시각적통찰력이 낮은 아이들은 남 앞에 서면 부들부들 떨며 목소리는 기어들어 가고 자신감이 없어 발표를 기피하는 아이, 정리되지 않은 말들을 아무렇게나 두서없이 장황하게 늘어놓는 아이로 성장하게 된다.

이처럼 시각적통찰력은 인간관계의 자신감이며 성격과 밀접한 관계가 있다. 시각적통찰력이 약한 아이들은 새로운 사람, 새로운 환경에 대처하는 능력이 약하다. 텔레비전이나 컴퓨터에 지나치게 집착을 한다. 우리는 간혹 '저 사람은 눈빛이 좋아.' 또는 '저 사람 눈빛은 참 따뜻해.' 이런 이야기를 듣게 된다. 이때 눈빛은 통찰력과 관계가 깊다. 눈빛이 좋은 아이, 즉 통찰력이 좋은 아이가 리더가 된다. 이 눈빛은 훈련으로 좋아지며 부모와의 관계가 중요하다.

시각적통찰력 훈련 방법 - 자신감을 키워주는 부모

우뇌에서 시각적통찰력이 '가장 높아 눈빛에 뿔이 났다면' 스크린(공상, 상상)에 노출이 심한 경우, 우뇌적인 책(만화, 판타지, 전래, 창작 동화)을 선호하는 경우, 밖을 선호(강한 빛을 선호)하는 경우의 아이이며 시각적통찰력이 '닫혀 있어 아래쪽으로 뿔이 났다면' 기가 눌려 있고, 눈빛이 약해 자신감이 부족하고 카리스마가 약한 아이이다.

첫째, 기가 눌린 아이는 윽박지르지 말고 구체적인 칭찬과 격려를 해준다.

흔히 윽박지르는 것을 기죽인다고 말한다. 아이를 윽박지르면 눈에서 나오는 빛 즉, 기가 죽게 된다. 가정에서는 칭찬을 통한 자신감을 심어주고, 가정에서 심어준 자신감을 바탕으로 훈련해야 한다. 아이와 함께 놀이터나 공원 혹은 시장에 가면 아이에게 부탁을 해야 한다. 부모님이 "내가 도와줄게." 하지 말고 "나 좀 도와줄래?" 해야 한다. 무엇이든 아이에게 도움을 청하면 아이는 점점 눈빛이 강한 아이로, 즉 리더형의 아이로 변하게 된다. 그런데 여기서 깊이 생각해 보아야 할 것이 있다. 기를 죽이지 말라고 해서 버릇없는 행동을 했을 때도 야단치지 말라는 뜻은 아니다. 잘못된 것은 반드시 고쳐주어야 한다. 올바른 통찰력은 잘한 것을 구체적으로 칭찬할 때 좋아지는 것이다. 잘못해도 기죽는다고 야단치지 않으면 이 아이는 인격에 문제가 생길 수도 있다. 우리 아이에게 이런 말을 해보자.

"정말 잘 어울려, 좋은 일 있었니?"

"엄마(아빠)는 언제나 널 믿는단다."

"웃는 얼굴이 최고야."

"잘했어! 엄마도 네 나이 때로 돌아가고 싶구나."

"참 좋은 친구들을 두었구나. 이것이 네 장점이구나."

"어른이 다 되었네." 등

둘째, 눈빛이 약한 아이는 눈을 보며 대화하고, 책을 읽어준다.

예전에 우리는 윗사람의 눈을 똑바로 쳐다보는 것을 예의 없는 행동이라고 생각했다. 아마 유교 사상의 영향이 아닌가 싶다. 그것이 틀렸다기보다 이제는 글로벌 시대이다. 서양 사람들은 어떠한가. 상대방과 눈을 마주치지 않고 대화하는 것을 상당히 기분 나쁘게 생각한다. 국제사회에서 서양인들과 협상할 때 눈을 바라보지 못하고 힐끔거려서 상대방을 기분 나쁘게 하는 기업가들이 많다고 한다. 중요한 협상에서 상대방을 기분 나쁘게 하는 것은 계약을 체결하는 데 커다란 마이너스가 될 수 있다. 우리는 동서양의 문화적 차이에서 나타나는 현상을 두고 어느 것이 옳다고 말할 수는 없다. 하지만 상대방의 눈이나 얼굴을 바라보지 않고 대화를 나누면 그의 말에 귀를 기울이기가 어렵다는 점은 인정하지 않을 수 없다.

　미국의 사회학자 앨버트 메르비안은 '사람이 말을 할 때 눈의 메시지가 차지하는 비중은 35% 정도 된다.'고 주장했다. 실제로 눈은 많은 메시지를 전달한다. 자녀가 거짓말을 하고 있는지 아닌지, 사랑하는 사람이 무엇을 말하고 싶어 하는지 눈빛만 봐도 알 수 있지 않은가. 이렇듯 상대방의 눈의 표정을 살피지 못하면 35%의 메시지를 읽지 못하는 것이다.

　눈을 통해 우리는 그 사람의 마음을 볼 수 있다. 그래서 눈은 마음의 창이라고 한다. 그런데 아무나 눈을 본다고 그 사람의 마음을 알 수 있는 것은 아니다. 마음을 알 수 있을 정도가 되려면 많은 시간 눈을 마주 보고 상호 교류하여 눈빛을 통해 서로의 마음을 볼 수 있는 통로를 만들어야 한다. 그러기 위해선 3세부터 대화를 하되 3살짜리라도 20살이라고 생각하며 대화를 해야 한다.

　아이들이 초등학교 고학년이나 중학생만 되어도 대화할 시간이 없다. 학교에 갔다 집에 오면 늦은 밤이 되어 버리기 때문이다. 이때 아이와 눈을 마주 보고 대화를 많이 한 엄마는 아이의 눈빛만 보아도 아이에게 문제가 무엇인지 알 수 있으며 바로 해결할 수 있다. 하지만 그렇지 않은 경우 아이가 어떤 상태인지 알 수가 없다. 한 예로 아이들이 학교에서 사고를 쳤다고 생각해보자. 부모는 학교에 찾아가서 이렇게 말한다. "우리 아이는 착한 아이입니다. 그런데 친구를 잘못 사귀어서 그러니 용

서해 주세요."라고. 부모가 아이를 모르면 이런 일은 다반사로 일어난다.

우리 자녀들이 사회에서 성공하려면 말하는 것 못지않게 잘 보는 능력도 중요하다. 사람들 앞에서 말을 할 수 있는 습관과 마찬가지로 상대방과 시선을 맞추고 말하는 훈련이 필요하다. 이러한 태도는 어려서부터 고쳐주지 않는다면 습관으로 굳어져 성인이 된 후에도 고치기 어렵다. 때문에 어려서부터 눈을 바라보며 이야기하는 습관, 눈을 보고 책을 읽어주는 습관을 길러 줘야 한다.

셋째, 스크린에 노출되어 있다면 과감하게 끊는다.

"엄마! 게임하면 안 돼요?" 시각장애와 청각장애를 동시에 가지고 있던 헬렌 켈러는 시각장애보다 청각장애가 사람들과의 관계를 멀어지게 해서 더 불편하다고 말했다. 또 사람들에게 텔레비전을 볼 때 "소리만 들을래, 화면만 볼래?" 중에 하나를 택하라면 대부분 소리를 듣는 쪽을 택할 것이다. 이것으로 보아 정보가 입력될 때 우리의 뇌는 시각보다 청각에 의해 입력된 정보를 더 유용하고 폭넓게 사용한다는 것을 알 수 있다. 청각은 주로, 시각을 보조로 사용한다. 그럼에도 불구하고 우리 뇌는 시각 우세 현상이 있어 어떤 감각보다 시각적인 자극을 먼저 기억하게 된다. 그래서 아이들에게 스크린(스마트폰, 컴퓨터, 게임기, TV 등)은 독이 되는 것이다. 교과서는 글자로 쓰여 있고, 수업은 강의로 진행이 되는데 스크린증후군이 있는 아이들은 강한 시각적 자극에 익숙해져 있어 이렇게 단조로운 학습 내용은 입력되지 않는다. 그리고 나이가 어릴수록 시각 자극에 더 민감하다.

이와 같이 시각적통찰력을 떨어뜨리는 요소 중에 심각한 것이 바로 스크린증후군이다. 요즘 아이들은 스마트폰이나 미니 게임기를 하나씩 가지고 있지 않은 아이가 없다. '게임은 적당히'란 말을 하기가 여간 어려운 것이 아니다. 자기 스스로 적당히 알아서 시간을 정해놓고 매일 꼭 그 시간만큼만 하는 아이들이 과연 얼마나 되는가 생각해 보아야 한다. 게임은 하면 할수록 어려운 게임을 하게 되고, 게임시간도 늘어나게 된다. 결국 스크린증후군 증세가 나타나고 나서 문제점을 알게 된다.

그렇다면 머리가 좋아지는 게임이 과연 있을까? 머리가 좋아진다면 얼마나 효과가 있을까? 의문을 제기하지 않을 수 없다. 스크린에 많이 노출된 아이들이 공부하는 집중력이 약하다는 것은 이미 학계의 많은 논문을 통해서도 알 수 있다. 스크린에 빠지게 되면 학습능력은 떨어지기 마련이다. 스크린에 빠져서 자나 깨나 컴퓨터 게임 생각만 하고 있는데, 아무리 아이에게 책 읽어라, 공부해라, 심부름해라 한다고 하여 아이가 제대로 그런 일을 잘할 수 있겠는가. 마음이 온통 스마트폰이나 컴퓨터 게임에 가 있다면 말이다. 컴퓨터 게임은 다른 것에 비하여 조절하기가 여간 힘들지 않다. 왜냐하면 하면 할수록 점점 새로운 단계로 접어들기 때문에 어른도 이에 빠지면 헤어 나오지 못하고 직장도, 가정도 잃는 경우를 우리 주변에서도 볼 수 있지 않은가?

스크린(스마트폰, 컴퓨터, 게임기, TV 등)증후군은 과감하게 정리를 시켜주어야 한다. 아이가 짜증을 부리고 스트레스를 받아도 스크린증후군을 고치려면 과감하게 화면을 아이 가까이 두지 말아야 하며 집에 있는 시간을 줄여주고 밖에서 운동 같은 활동적인 훈련을 통해 스크린을 스스로 극복하도록 도와주어야 한다.

만약 시각적통찰력이 가장 높은 원인이 만화, 판타지, 창작동화, 전래동화처럼 우뇌적인 책을 너무 많이 읽어서 두뇌에 공상, 상상이 자리를 잡아 시각적통찰력이 높아졌다면 논리적인 위인전, 수학동화와 같은 좌뇌적인 책을 읽어주어 좌우뇌 균형을 조화롭게 맞춰주어야 한다. 간혹 외부 활동이 많은 아이들의 경우에도 시각적통찰력이 올라가는 경우도 있으니, 너무 많은 외부 활동은 자제하도록 도와주어야 한다.

초등 시각적통찰력 훈련 방법

[초등 저학년]

* 가정환경을 편안하고 안정감을 느낄 수 있도록 한다.
  · 잔소리, 큰소리, 윽박지르기, 비교하기, 부정적 언어 사용 등 자제
* 생각과 의견을 존중해주고, 비폭력적인 태도를 유지하여 자신감을 키워준다.
* 눈을 바라보고 느낌과 감정을 공유, 공감, 소통하면서 긍정적인 관계를 형성한다.
* 능력에 맞게 쉬운 것부터 작은 성공체험을 하도록 하여 회복탄력성(오뚝이)을 키워준다.
* 사람들과 접촉(견학, 캠프, 체험, 종교 등) 할 수 있는 기회를 많이 제공한다.
* 꿈, 목표, 비전이 명확하게 자리 잡도록 직업체험을 제공해 준다.
* 봉사활동에 참여하여 존중, 배려, 사회성, 이타심을 키워준다.
* 대화할 수 있도록 기회를 자주 만들어 주어 표현력과 사회성을 키워준다.
* 다르게 읽는 곳 찾아내기, 전자계산기를 사용해서 사칙연산(숫자, 부호) 입력
  하기 단어 캔슬링 훈련(교과서, 신문), 단어 퍼즐 맞추기, 사전 빠르게 찾기 등
* 시각적통찰력만 높아 스크린증후군 증상이 있다면 스크린을 즉시 차단한다.

[초등 고학년]

* 편안하고 안정감을 가지며 두려워하지 않는 가정환경을 조성해준다.
  · 잔소리, 큰소리, 윽박지르기, 비교하기, 부정적 언어 사용 등 자제
* 온유한 태도를 유지하며 아이의 생각과 의견을 존중해줌으로써 자신감을 키워준다.
* 긍정적인 관계 형성을 위해 눈을 바라보고 느낌과 감정을 공유, 공감, 소통한다.
* 실천하기 쉬운 것부터 작은 성공체험을 하도록 하여 회복탄력성(오뚝이)을 키워준다.
* 집단에서 무엇이든 역할을 맡아 수행해보도록 하여 리더십을 갖게 한다.
* 토론과 대화 중심의 학습으로 사회성과 자신감을 갖도록 한다.
* 견학, 캠프, 체험활동 등을 통해 다양한 사람들과 접촉할 수 있는 기회를 많이 제공한다.
* 직업체험을 제공해 꿈, 목표, 비전이 명확하게 자리 잡도록 한다.
* 직업 관련 책을 많이 읽도록 해주고, 꿈 체험을 통해 미래 통찰력을 길러준다.
* 존중, 배려, 사회성, 이타심 등의 올바른 가치관이 형성되도록 봉사활동 등에 참여한다.
* 표현력과 사회성 향상을 위해 다른 사람과 소통(대화)할 수 있는 기회를 만들어 준다.
* 시각적통찰력만 높아 스크린증후군 증상이 있다면 스크린을 즉시 차단한다.

유아 시각적통찰력 교육 훈련방법 핵심정리

기능적 훈련방법

① **사회성을 키울 수 있도록 천천히 지속적으로 도와준다.**
- 사람들과 접촉(키즈카페, 놀이터, 종교, 체험 등) 할 수 있는 기회를 많이 제공한다.
- 어른을 만나면 먼저 인사를 하고, 다른 사람들을 대할 때 친절하도록 예의를 가르친다.
- 아이의 능력에 맞게 쉬운 것부터 시작해서 작은 성공 경험과 체험을 제공한다.
- 일상생활에서 아이에게 늘 부모를 돕도록(식당에서 주문하기, 길 물어 보기 등) 한다.
- 사람들 앞에서 이야기할 수 있도록 기회를 자주 만들어주어 표현력과 발표력을 키워준다.
- 역할놀이를 하여 상대방의 생각과 감정을 공감하고 표현할 수 있도록 한다.
  (엄마와 아빠놀이, 병원놀이, 인형놀이, 소꿉놀이, 동물놀이, 가상놀이, 별명 짓기 등)
② **질책(잔소리, 큰 소리 등)보다는 격려, 칭찬, 적절한 보상으로 기를 살려준다.**
- 격려(60%) : 행위에 대해서 용기나 의욕이 솟아나도록 북돋워 준다.(엄마 느낌)
  (엄마는 고마워, 기분이 좋아, 행복해, 기뻐 등)
- 칭찬(40%) : 행위에 대해서 좋은 점이나 착하고 훌륭한 일을 높이 평가해 준다.(아이 느낌)
  (자랑스러워, 잘했어, 최고야, 대단해, 훌륭해, 짱이야, 착하다, 멋지다 등)
- 보상(기준) : 행위에 대해서 물질적 보상보다는 정서적 보상과 사회적 보상을 해준다.
  (정서적 보상-격려, 칭찬, 머리 쓰다듬기, 꼭 안아주기, 등 토닥여주기 등)
  (사회적 보상-가족과 맛있는 음식 먹기, 놀이공원 가기, 친구들과 파티해주기 등)
- 낮에 잔소리를 줄이고 잠들 때 이야기한다.(양치 잘하면, 밥 잘 먹으면 좋은 점 등)
③ **시각주의력을 높이는 집중력 훈련을 한다.**
- 아이와 대화할 때, 책을 읽어줄 때, 하는 일을 멈추고 꼭 눈을 맞추며 한다.
- 눈빛이 센 어른들과 눈을 보고 인사하고 이야기하도록 낮에 심부름을 시킨다.
- 발표를 할 때 반드시 사람들의 눈을 모두 보면서 할 수 있도록 한다.
- 재미있는 놀이나 게임으로 시각주의력을 높이는 훈련을 한다.
  그림 조각 맞추기, 손으로 짚으며 책 읽기, 점 잇기, 미로 찾기(인내, 판단, 예측, 집중력)
  숨은 그림 찾기, 다른 그림(글자) 찾기, 카드놀이, 퍼즐놀이, 대칭 그림 그리기, 보드게임
  다르게 읽는 곳 찾아내기, 전자계산기를 사용해서 사칙연산(숫자, 부호) 입력하는 훈련
  단어 캔슬링 훈련(그림책, 교과서, 신문지), 단어 퍼즐, 사전 찾기 등
④ **시각적통찰력이 높아 스크린증후군 증상이 있다면 스크린을 차단하거나 줄여준다.**

부모 역할

① 부모에게 존댓말을 사용하도록 하고 기본예절(인사, 식사 매너 등)을 가르친다.
② 가정에서 아이가 편안하고 안정감을 가지며 두려워하지 않는 관계를 조성해준다.
③ 아이를 존중해주시고, 비폭력적인 태도를 유지하며, 아이의 감정 조절 능력을 키워준다.
④ 아이와 느낌과 감정을 공유하고 공감하면서 긍정적인 관계를 형성해야 한다.
⑤ 아이와 함께 봉사활동에 참여하여 배려심, 사회성, 이타심을 키워준다.

민첩성의 날개를 달자

지각속도력

지각속도력이란 심리적으로 민첩성이며, 기능적으로 몸의 집중력이다. 주변 상황을 변별하는 감각의 인식 작용과 빠른 인지능력을 의미한다. 상황에 대한 감각을 깨닫는 인지능력, 판별능력, 적용능력을 통틀어 지각속도력이라 한다. 지각속도력은 상황 변화에 대한 빠른 인지와 빠른 적응능력으로 깨달음의 속도, 변별의 속도, 감각인지 속도, 적응 속도를 말한다. 한번 슬쩍 본 것도 빨리 파악하고 재빠른 간파능력으로 흔히 말하는 눈썰미에 해당한다. 비슷한 모형의 여러 그림 중에서 다른 것을 찾아내는 감각적속도력, 즉 판별능력인 눈썰미가 지각속도력의 일부이다. 박지성 선수의 성공사례를 통해 지각속도력에 대해서 한번 생각해 보자.

축구를 좋아하는 아이의 장래 희망은 박지성 선수 같은 축구선수가 되는 것이다. 그럼, 박지성은 어떻게 축구선수가 됐고 성공했을까? 박지성 선수는 운동을 하고 싶어서 초등학교 3학년 때 야구부를 찾아갔다. 체구가 작고 평발이었던 박지성 선수는 감독으로부터 1년 뒤에 오라고 퇴짜를 맞았다. 그래서 선택한 것이 초등 4학년 때 축구였다. 중학교 때에는 밤에 드리블 연습, 트래핑 연습 등 야간운동을 하며 잘난 척한다고 선배들에게 맞아 학교를 옮겼다. 수원공고 졸업을 앞두고 수원삼성 고졸 선수 3명 선발에 지원했으나 탈락, 대학입시 막판에 명지대 축구부에 지원을 했지만 자리가 꽉 차서 다시 탈락했다. 하지만 운이 좋게도 막판에 테니스부에 결원 1명이 생겨 아슬아슬하게 테니스부에 들어갔다. 이렇게 해서 명지대에서 축구를 시작했다. 2000년 허정무 감독이 국가대표로 발탁했을 때 박지성 선수를 왜 대표팀에 뽑았느냐 고 축구팬들로부터 많은 비난을 받지만 박지성은 끊임없는 연습을 통 해 어려움을 이겨냈다. 2002년 히딩크 감독이 박지성 선수의 성실함과 노력에 감동하여 월드컵 대표선수로 발탁했다. 2002월드컵, 히딩크 감 독의 지지를 받은 박지성은 그라운드를 휩쓸었고 세계인의 반열에 오 를 수 있는 발판이 되었다.

타고난 재능도 소질도 없었던 박지성이 아이들의 우상이 되 었다. 현재 은퇴한 박지성 선수는 본인의 꿈인 축구재단 활동을 통해 동남아 유소년을 위한 낙후된 축구 시설이나 어린이를 도 우며 제2의 꿈을 향해 도전하고 있다. "저를 사랑하는 여러분! 탄탄대로를 걷는 것만이 성공을 향한 길이 아닙니다. 출발보다 더 중요한 것은 스스로 무엇을 향하고 있는가를 깨닫는 것입니 다. 결국 성취는 속도의 문제가 아니라, 스스로 세운 목표를 향 해 얼마나 꾸준히 걸어가느냐에 달려 있는 것입니다."

어떤 분야에서든 탁월해지기 위한 최소한의 요구 조건이 있 다면 그것은 바로 꾸준한 연습이다. 탁월함은 오직 연습이라는 토양에서만 피어나는 꽃이기 때문이다. 지각속도력이란 박지 성 선수의 사례처럼 축구선수로서는 죽음의 선고와 같은 평발 을 훈련으로 극복하고, 작은 신체조건도 본인의 강점으로 만드 는 적응능력이며, 목표를 빠르게 인지하고 민첩성 있게 행동으로 옮기는 능력이다. 행동하지 않는 생각은 죽은 잡념에 불과하다.

지각속도력이 좋은 아이들은 어떤 특징을 가지고 있는지 알아보자. 지각속도력이 좋은 아이들은 상황 변화에 민감하여 사태 파악이 예리하며 빠른 대처능력을 가진다. 스포츠 관전 시에도 민감한 예측과 판단이 다른 사람보다 빠르고, 수업 중에도 선생님의 시선 파악이 잘 되고, 독서 속도가 빨라 다독을 할 수 있다. 이런 아이는 눈썰미가 좋다는 소리를 자주 듣는데, 한 번 본 것이나 지나치며 슬쩍 들은 얘기도 잘 기억하며 길눈이 밝다. 거의 비슷한 여러 모형 중 다른 것을 찾아내는 눈썰미도 있다. 그러나 우뇌에서 지각속도력만 높게 나타난다면 산만해 보이고 집중력이 약한 아이이다.

지각속도력이 낮은 아이들의 특징

> "엄마! 싫어~ 싫어요.", "엄마~ 귀찮아요.", "엄마~ 밥 먹기 싫어요."
> 늘 행동이 느리고 밥을 먹을 때도 '세월아~ 네월아~' 한다. 몸의 집중하는 뇌의 힘이 약하다.

지각속도력이 낮은 아이들은 상황 변화에 둔하며 머리 회전이 느리고 행동이 느리다. 많은 시간 책상 앞에 앉아 있어도 공부 진도가 아주 느리고 상대방의 표정이나 태도를 간파하지 못하며 자기 생각대로 하는 경향이 많다. 길눈이 어둡고 눈썰미가 없으며 독서 속도가 느릴 뿐 아니라 흥미를 갖지 못하고 책을 멀리한다. 노력을 해도 얻는 것이 적고 답답하게 느껴지고 감각이 둔한 편이다.

지각속도력이 다른 영역에 비해 지나치게 높으면 몸이 산만해지고, 낮으면 느린 아이가 된다. 높다는 것은 다른 영역과 비교해 보았을 때를 말한다. 다른 영역과 네트워크가 잘 되어 있다면 큰 문제는 없다.

아이가 산만하게 되는 이유는 여러 가지가 있다. 크게 둘로 나누어보면 습관성에 의해 산만한 형과 심리적인 작용에 의해 산만한 형으로 나누어서 생각해 볼 수 있다. 우선 습관성에 의해 산만한 형은 부모가 잘 돌보지 못해 텔레비전이나 컴퓨터에 긴 시간 노출된 경우이다. 특히 몸이 산만한 것이 아니라 정신이 산만하다. 앉아 있어도 문제를 깊이 생각하지 못하고 조금만 틈이 나면 다른 생각에 빠지게 된다. 다른 생각은 엉뚱한 생각을 말한다. '허상'이라고도 하는데 현재 하고 있는 일에서 벗어난 생각이다. 이 아이는 늘 자기가 하고 있는 것에는 흥미를 느끼지 못하고 텔레비전 볼 때나 컴퓨터 할 때는 전혀 다르게 집중하는 모습이 관찰된다.

두 번째는 지나치게 몸을 많이 움직이는 환경에서 자란 아이다. 주변이 늘 산만하고 어려서부터 여러 사람에 의해 양육된 아이에게 나타난다. 신체의 움직임이 지나치게 많은 놀이에 빠져 있으며, 이 아이 역시 자리에 앉아 있을 때 손과 발을 가만히 두지 못하고 끊임없이 움직이게 된다.

또한 스트레스에 노출되어 있는 아이들 역시 산만하다. 누구든지 스트레스를 받는 상태에서는 학습능력이 올라갈 수 없다. 아이들도 마찬가지이다. 가정이 안정적이지 못한 경우이거나, 친구관계에 자신이 없는 아이들, 자주 혼나는 아이들도 그럴 것이다.

지각속도력 훈련 방법 – 민첩성을 키워주는 부모

우뇌에서 지각통찰력이 '가장 높아 몸의 민첩성에 뿔이 났다면' 산만하거나 급한 성격이거나 주의 집중력이 약한지 유심히 관찰해야 하며, 지각속도력이 '닫혀 있어 아래쪽으로 뿔이 났다면' 신체적으로 몸이 느리거나 심리적으로 닫혀 있고 인지력이 약한 아이이다.

첫째, 산만한 아이들은 규칙적인 운동을 한다.

미국에서 일주일에 한 번씩 체육을 한 아이들과 매일 한 시간씩 체육수업을 한 아이들의 뇌세포 분포도를 검사해 보았더니 매일 한 시간씩 체육수업을 한 아이들의 뇌가 더 좋아졌다는 자료를 본 적이 있다. 이것은 당연한 것이다. 규칙적인 운동은 건강뿐 아니라 뇌 발달에도 많은 도움을 준다. 하지만 운동이 건강에 좋다고 해서 하기 싫은 운동을 억지로 시키면 건강에는 도움을 줄 수 있을지 모르지만 억지로 시킨 운동으로 인해 좋지 않은 호르몬이 뇌 발달에 장애를 줄 수도 있다. 아이가 즐겁게 규칙적으로 운동을 할 수 있도록 도와주는 것이 바람직하다.

규칙적인 운동과 밖에 나가서 노는 것과는 어떤 차이가 있을까? 규칙적이라는 것은 어느 정도를 말하는 것일까? 운동이 몸과 두뇌 발달에 도움을 준다고 해서 매일 다른 것은 하지 않고 운동만 시키는 것은 과연 어떨까? 이것은 마치 콩이 몸에 좋다고 해서 밥이나 다른 반찬은 먹지 않고 콩만 먹는 것과 같다. 아이가 좋아하는 운동을 규칙적으로 해야 한다. 밖에서 적당히 노는 것은 뇌 발달에도 좋은 영향을 줄 수 있지만 하루 종일 놀기만 한다면 이 역시 뇌 발달의 편중으로 인해 아이가 산만해질 우려가 있다. 운동도, 놀이도 몸에 좋은 것은 사실이지만, '적당히'라는 단어가 첨부되었을 때이다.

둘째, 산만한 아이들은 주변 환경을 조용하고 차분하게 유지한다.

아이마다 타고난 기질이 다르고, 어떤 아이들은 차분하지만 어떤 아이들은 활동적이다 못해 부산하다. 취학 전 남아들은 대부분 잠시도 쉬지 않고 움직인다. 어떤 아이들은 불안하거나 긴장이 심해서 주의 집중이 안 되고 그 불안을 해결하기 위해 부산하게 움직이기도 한다. 또 환경 때문에 산만한 경우도 있다. 혹 가정환경이 너무 산만하게 돼 있던지, 바깥 활동을 너무 많이 하는 아이들에게서 많이 나타나게 된다.

과도하게 활동적이거나 산만한 아이들은 야단치고 혼내고 규제한다고 해서 집중력이 좋아지지는 않는다. 괜히 서로 감정이 상해서 불만을 쌓아가기보다는 아이의 특성을 받아들이고 아이가 실제로 도움을 받고 협조할 수 있는 대응책을 찾아내어 실행하는 것이 더 낫다.

이런 아이들은 낮에 집 밖에서 많이 뛰어놀게 하여 에너지를 충분히 소진한 후, 집에 들어와서는 차분하게 자기 할 일을 하도록 하는 것이 좋다. 산만한 아이들은 환경이 산만하면 더 집중을 못하므로 집에서는 조용하고 정리된 환경을 만들고 아이의 일상을 규칙적으로 돌아가게 해서 말썽이나 산만함을 일으킬 소지를 줄여주어야 한다.

또한 아이가 집중을 잘하는 시간을 확인해서 그때 과제를 하도록 하고, 생활 계획을 짜서 매일매일 일상이 규칙적으로 돌아가게 해주면 많은 도움이 된다. 저녁 식사 후에는 독서, 목욕 등 차분한 활동을 하도록 해주고 TV 시청 시간을 제한한다. 사람이 많은 곳을 피하고, 장난감 수를 줄이고, 밥 먹을 때나 공부할 때는 TV를 끄고 집중할 수 있는 환경을 만들어 주어야 한다. 규칙적인 생활습관을 길러주고, 좋아하는 것에 집중하게 해주고, 무엇을 하든 바르게 앉아 있는 훈련을 해주어야 하며 손이나 발을 움직일 때마다 잡아 준다.

셋째, 세월아~ 네월아~하는 느린 아이들은 기다려주어야 한다.

아이들이 밥을 잘 먹지 않으면 부모는 걱정을 하게 된다. 하지만, 연구에 따르면 아이들은 잘 먹지 않는 것 같아도 장기적으로 볼 때 자신에게 필요한 양의 영양소를 균형 있게 섭취한다고 하니 걱정하지 않아도 된다.

강압적으로 먹으라고 하거나 따라다니면서 입에 음식을 넣어주면 오히려 아이들이 먹는 것을 가지고 부모와 협상하면서 이용하게 되고 식사 습관이 나빠지므로 장기적으로는 득보다 실이 많아진다. 아이가 잘 먹는 음식을 제공해주되 따라다니면서 먹어보라는 권유는 두어 차례만 하고 먹이지 않는 것이 좋다. 또한 안 먹는다고 화를 내는 것은 금물이다. 벽에 키와 몸무게를 매달 기록해 놓고 키가 크는 것과 밥 먹는 것 간의 관계를 직접 눈으로 보게 한다. 그리고 편안하고 다정한 표정과 말투로 밥을 먹어야 하는 이유를 자세히 설명해주면서 아이가 스스로 극복할 때까지 기다려준다.

넷째, 몸의 감각이 느린 아이는 불규칙운동을 한다.

지각속도력이 약해 행동이 느린 아이들은 불규칙 운동을 한다. 외부 활동을 할 때에는 축구, 농구 등 공을 가지고 하는 운동이나 배드민턴, 인라인스케이트, 자전거와 같은 운동이 좋으며, 집에서는 훌라후프, 풍선 치기, 바둑알 수 세기, 정확하게 계산하기, 청기백기 게임 등을 하면 효과적이다. 이러한 불규칙 운동을 하루에 30분씩 꾸준히 할 수 있도록 돕기를 바란다. 엄마나 아빠와 함께 한다면 더 효과적일 것이다.

초등 지각속도력 훈련 방법

[초등 저학년+고학년]

* 느린 기질인 아이는 불규칙한 운동을 매일 꾸준히 시킨다.
  · 초등 저학년(매일 40분 정도), 초등 고학년(매일 1시간 정도)
  · 음악, 춤, 율동, 무용, 공놀이, 인라인스케이트, 자전거, 배드민턴 등
  · 몸으로 하는 가위ㆍ바위ㆍ보, 양팔로 각 만들기, 시간 표현하기 등
  · 바둑알 수 세기, 정확하게 계산하기, 청기백기 게임 등
  · 집중력이 약해 인지 속도, 적응 속도, 변별 속도, 판별 속도가 느리면 협응력을
    키워준다.
* 의욕과 열정이 약해 실행력이 느리면 구성력을 키워 자기주도성을 높여준다.
* 자신감이 약해 두렵고, 낯설고, 새로운 상황 변화에 적응이 느리면 시각적통
  찰력을 키워준다.
* 인지능력이 약해 이해력, 연산력, 독서속도가 느리면 추상력과 언어사고력을
  키워준다.
* 변화에 대한 두려움을 이겨낼 준비가 되었다면 스타트를 함께 도와준다.
* 지각속도력만 높아 산만하다면 협응력 훈련과 규칙적인(태권도, 수영 등)
  운동을 하고, 규칙적인 생활 습관(기상, 학습, 등교, 식사, 수면 등)이 자리
  잡도록 훈련한다.

유아 지각속도력 교육 훈련방법 핵심정리

기능적 훈련방법

① **타고난 기질(느린 기질) 때문에 행동이 느린 아이 훈련 방법**
- 아이들은 행동 전에 충분한 탐색이 필요하므로 안전하고 편안한 환경을 만들어준다.
- 변화에 대한 두려움을 이겨내고 준비가 되었다면 부모가 스타트를 도와준다.
- 관심이 없기 때문에 꿈지럭대는 아이는 재미, 흥미 있는 일을 찾아주어 의욕을 높인다.
- 무능력해서 꿈지럭거리는 아이는 부모가 방법(밥 먹는, 옷 입는, 끈을 묶는)을 알려준다.

② **밥을 잘 안 먹고, 늦게 먹는 아이 훈련 방법(유아 식사시간은 30분 정도가 적당)**
- 규칙적인 식사시간을 정하고 간식(유제품, 과일 등)은 하루에 2회 이상 주지 않는다.
- 일어나는 시간(7시 전후) 잠자는 시간(9시 전후)을 규칙적으로 만들어준다.
- 모래시계(알람, 큰 시계)를 사용해서 제한시간 안에 할 수 있도록 도와준다.
- 10일 이상 잘 먹지 않는다면 스트레스가 있는지 살펴본다.
- 에너지 소비를 많이 할 수 있도록 신체 운동 활동량을 늘려준다
- 아이가 먹기 싫어할 때는 그냥 놀게 두고 다음에 식사를 할 때 칭찬을 한다.

③ **몸을 움직이는 불규칙한 운동을 시킨다.**
- 감각을 안전하게 자극하는 놀이나 신나는 음악을 들려주고 율동을 한다.
- 매일 30분 정도 불규칙한 운동을 꾸준하게 하도록 한다.
   (춤, 무용, 공놀이, 풍선 치기, 훌라후프, 인라인스케이트, 자전거, 배드민턴 등)
- 빨리 보고, 정확히 기억하며, 신체적으로 반응하는 훈련을 한다.
   (나처럼 해봐라 이렇게~, 몸으로 하는 가위 · 바위 · 보, 양팔로 각 만들기, 시간 표현하기 등)
- 바둑알 수 세기, 정확하게 계산하기, 청기백기 게임 등을 한다.

④ **지각속도력이 높은 경우는 산만, 급한 성격, 집중력이 약한 아이이다.**
- 인내, 절제, 도덕성을 키워주고 집중력과 끈기도 키워줘야 한다.
- 배려, 양보, 포용하는 사회성(시각적통찰력)을 훈련 한다.
- 줄거리가 짧은 책을 읽게 해서 끝까지 다 읽었다는 성취감을 느끼게 해준다.
- 규칙적인 운동(태권도, 수영 등)을 시키고 사람이 많은 곳(백화점, 놀이공원 등)을 피한다.
- 장난감 수를 줄이고 공부할 때나 식사를 할 때 안정된 환경을 만들어 준다.
- 규칙적인 생활 습관을 길러준다.
- 좋아하는 것에 집중하게 해준다.

부모 역할

① 부모가 느리다면(급하다면) 민첩성(인내심) 있는 행동을 보여주어야만 한다.
② 정서불안정으로 느린 아이는 주변 사람과 정서적인 문제가 있는지 살펴봐야 한다.
③ 아이가 두렵고, 낯설고, 새로운 활동과 환경에 잘 적응하도록 늘 도와준다.
④ 타인과 적극적으로 협동하고 협력하는 사회성(시각적통찰력)을 키워준다.
⑤ 아인슈타인, 에디슨은 느렸고, 빌게이츠는 순한 아이였다는 사실을 기억해야 한다.

융통성의 날개를 달자

공간사고력

공간사고력이란 변화에 대한 예측 능력, 적응력으로 지각과 감각을 통해서 공간의 관계, 위치, 상하, 전후를 파악하는 사고능력이다. 모든 방향으로 끊임없이 펼쳐져 있는 빈 곳 그리고 시간과 더불어 사물의 체계를 이루는 기초 형식이 공간이며, 이 공간을 파악하고 변화를 예측하는 사고력이 공간사고력이다.

공간사고력이 좋은 아이들은 사물에 대한 시각적 인지능력이 정확하여 공간의 변화를 재빠르게 인지하고 적응하며 미래의 변화에 대한 예측을 잘한다. 공간사고력이 열려 있으면 융통성이 있고 문제 해결을 위한 다양한 접근 방법과 구조를 빨리 파악하며 대안 제시가 능하다. 이런 아이들은 도형, 미술, 기술 분야에 적응이 뛰어나 자연계 쪽으로 좋은 적성을 갖게 된다.

공간사고력이 낮은 아이들은 사물에 대한 인식력이 부정확하여 매사에 많은 시행착오를 범하게 된다. 유아들의 경우는 놀이터에서 잘 넘어지고 떨어지며 장난감을 가지고 놀 때 흥미를 못 느낀다. 이런 아이들은 미술, 과학, 체육 분야에 적성이 미약하고 흥미가 부족하다. 또한 변화 적응이 약하고 사고력이 유연하지 못하다.

공간사고력 훈련 방법

우뇌에서 공간사고력이 '가장 높아 뿔이 났다면' 고집이 세고 집착이 강한 아이이며, '공간사고력이 닫혀 있어 아래쪽으로 뿔이 났다면' 변화에 대한 예측 능력, 융통성, 적응력이 약한 아이들이다. 공간사고력 훈련방법에 대해 알아보자.

초등 공간사고력 훈련 방법

[초등 고학년]

* 자존감, 공감능력, 긍정성, 적극성을 키워 감정 통제력, 충동 통제력을 키워준다.
* 좋아하는 운동으로 지구력을 키워주고 집중력과 끈기를 키워준다.
* 미술에 대한 관심을 갖도록 미술전을 관람하거나 그림 그리기 훈련을 한다.
* 자연공간(산, 들 등)과 인공공간(건물, 집 등)에서 활동하는 시간을 많이 갖도록 한다.
* 블록 쌓기와 조립하는 훈련을 하여 공간인지력을 기른다.
* 종이(종이접기)나 나무(사물 만들기) 등을 사용하여 여러 종류의 물건을 만들게 한다.
* 내가 아는 건물의 내부를 생각해보고 위치를 지도로 그려보는 훈련을 한다.
* 눈을 감고 오늘 다녀온 곳의 지형 지도를 머릿속에 그려보고 그려보도록 한다.

그러나 우뇌에서 공간사고력만 높아 심리적으로 고집, 집착이 세다면 존중, 배려, 협동, 협력 포용력을 키워줘야 한다.

공부의 날개를 달자

종합사고력

사람이 살아가면서 올바른 인간관계의 기본이 되고 학습을 하는데 기본이 되는 다섯 가지가 바로 종합적 사고력이다. 이 다섯 가지의 사고력 훈련이 잘 된 아이는 성적이 뛰어나고 좋은 인간관계를 형성할 수 있다. 사고력이란 생각할 수 있는 능력이다. 생각의 깊이는 눈에 보이지 않는다. 때문에 아이들의 생각의 깊이를 볼 수는 없다. 그러나 생각에 깊이가 있는 아이들은 말할 때나 사물을 볼 때, 다른 사람의 말을 들을 때, 글을 쓸 때, 모두에서 뚜렷이 나타난다. 우리가 살아가는데 혹은 학습을 할 때 필요한 5가지 종합적 사고력은 보는 사고력, 듣는 사고력, 말하는 사고력, 읽는 사고력, 쓰는 사고력이다.

첫째, 잘 보는 사고력을 훈련시킨다.

눈으로 본 것을 여러 가지 각도에서 생각하고 사고하여 글이나 말 혹은 손으로 표현할 수 있는 능력을 말하는데, 보는 사고력은 훈련과 교육을 통해 발달한다. 시험을 볼 때 아이들을 지켜보면 열 줄이 넘는 영어 문장, 복잡한 서술형 수학문제 등을 한 번에 읽고 바로 문제를 푸는 아이가 있는 반면, 어떤 아이는 두 번, 세 번을 읽어도 문제에 손도 못 대는 아이들이 있다. 고학년이 되어서 바로 이런 문제들이 발생하는 원인은 대부분 유아기나 초등 저학년 때에 보는 사고력 훈련이 되어 있지 않아서이다. 결국 보는 사고력이 낮은 아이들은 문제를 풀어도 깊이 생각하고 이해하는 두뇌가 약해 공부를 못하는 아이가 된다.

유아기에 보는 사고력 훈련을 하기 위해 현장학습이나 관찰학습 같은 것을 하는데, 보는 사고력이 약한 아이들은 강낭콩의 자라는 모습을 며칠씩 관찰을 했어도 강낭콩 잎의 생김새나 강낭콩 꽃의 모양 등 섬세하게 관찰해야 하는 부분이 약해 무엇을 보았는지 정확하게 그림이나 언어로 표현하지 못한다. 반대로 보는 사고력이 뛰어난 아이들은 잎의 모양, 크기, 색깔을 정확하게 기억하고 그림이나 언어 혹은 글로 표현할 수 있다. 이렇게 보는 사고력이 없는 아이들은 무엇이든 대충 보는 습관에 길들여져 있는데 이것은 두뇌가 좋다 안 좋다 와는 별개로 보아야 한다. 보는 사고력 훈련이 잘 된 아이들은 무엇이든지 한 번만 보면 본 것을 잘 기억하며 이것을 여러 가지 다른 것과 연상할 수 있는 힘이 있어 오래 기억할 수 있는 능력이 있다.

　보는 사고력 훈련을 하기 위해서는 현장학습이나 관찰학습을 많이 해야 하지만 중요한 것은 '어떻게 하는가?'라는 방법적인 것이 더 중요하다. 아이들에게 아무리 많은 현장학습과 관찰학습을 하게 한다 해도 아이가 건성으로 보고 깊이 생각하는 훈련이 되지 않으면 오히려 현장학습과 관찰학습이 보는 사고력 훈련에 방해가 될 수도 있기 때문이다.

　두뇌는 많이 보여주는 것보다는 한 가지를 깊이, 여러 가지 각도에서 보여주고 생각하게 하는 것이 뇌 발달에는 더욱 효과적이라는 사실을 알아야 한다. 두뇌는 많이 보여줄 때 좋아지는 것이 아니라 한 가지를 여러 가지 각도에서 깊이 생각하며 바라볼 때 좋아지는 것이다.

둘째, 잘 듣는 사고력을 훈련시킨다.

듣는 사고력은 상대방의 말을 정확하게 듣고 이해하는 능력이다. 귀로 들은 내용을 머릿속에서 분석하여 전달하고자 하는 내용을 정확하게 파악하고 언어 혹은 글로 전달할 수 있는 능력은 듣는 사고력에서 나온다. 같은 내용을 들었는데 어떤 아이는 전혀 다른 소리를 하는 아이가 있고 듣고도 이해를 하지 못하는 아이들도 있다. 그 원인은 듣는 사고력이 약해서이다.

듣는 사고력이 약한 아이들은 들은 내용을 빠르게 인식하는 것이 부족하며, 들은 내용에 대하여 여러 가지 각도에서 해석하지 못하고 한 가지 각도에서만 생각하기 때문에 오해가 생길 수도 있다. 그리고 듣는 각도에 따라 전혀 다른 측면에서 내용을 잘못 해석할 수도 있다. 또한 수업시간에 선생님의 전달 내용을 잘 이해하지 못하게 되므로 수업시간에 선생님이 설명을 해도 이해력이 부족해서 산만하게 되고 손장난을 한다든지 다른 짓을 할 수밖에 없기 때문에 연령이 올라갈수록 학습능력이 떨어진다.

이런 아이들에게는 많이 듣는 훈련도 중요하지만, 더 중요한 것은 들은 내용을 여러 가지 각도에서 분석하는 습관이 더 중요하다. 어려서부터 여러 사람과 대화를 많이 해본 아이들은 듣는 사고력이 높게 나타난다. 또한 눈을 마주 보며 대화를 한 아이들은 듣는 사고력이 더욱 뛰어나다. 작은 문장이라도 들은 내용을 그림이나 문단으로 정리해보고, 들은 내용을 반복해서 생각하고, 중심 글을 그림이나 글로 남겨 보고, 책을 큰소리로 낭독하여 듣는 훈련을 많이 시켜야 한다.

셋째, 잘 읽는 사고력을 훈련시킨다.

읽는 사고력이란 책을 읽고 내용을 정확하게 분석하여 언어나 그림으로 표출할 수 있는 능력을 말하며 책을 읽고 책 속에서 전달하고자 하는 메시지를 정확하게 알 수 있어야 한다. 논술이 부각되면서 아이들에게 책을 많이 읽히는 것은 좋은 현상이다. 그러나 책을 읽는데 있어서 어떻게 읽는가가 중요하다.

책을 많이 읽어도 만화책을 보듯 재미로만 읽는 아이들이 많다. 그렇기 때문에 7세부터 초등 저학년 때까지 읽는 사고력에 신경을 써야 한다. 최근 고학년들의 책을 읽고 이해하는 능력을 평가해 보면 평균점수보다 낮게 나오는 아이들이 많다. 아이들이 책을 읽는 시간이나 권수는 많이 늘었는데 책을 읽고도 해석을 하지 못하는 것은 읽는 방법에 문제가 있고 읽는 사고력이 약하기 때문이다. 그리고 책을 읽으면서 여러 가지 상황과 연계하여 읽지 못하기 때문이다.

처음부터 많은 책을 읽히기보다는 책을 읽고 내용을 음미하기 위해 내용에 대해 토론하는 것이 좋다. 이때 긍정적 측면과 부정적 측면에서 아이와 함께 생각하고 토론하는 훈련을 한다면 책을 깊이 있게 읽는 것은 물론이고 읽고 독해하는 능력도 좋아지고 하나를 읽고 열 가지를 생각하는 아이가 될 수도 있다. 이것은 책을 어떤 방식으로 읽도록 하는가에 달려 있다.

그러나 읽는 사고력이 높아 책을 읽고 이해하는 능력이 좋아도 창의력이 약한 아이들은 문제의 뜻을 조금만 바꾸어 놓아도 문제를 틀리게 된다. 정확하게 글을 통해 나에게 전달하고자 하는 상대방의 마음을 읽어야 하는데 내 입장에서만 생각하니 틀릴 수밖에 없다. 어려서부터 여러 종류의 책을 다양하게 읽히는 것은 읽는 사고력과 창의력 향상에 큰 도움이 될 것이다. 또한 어려서부터 책을 또박또박 읽는 습관을 들이고 틈나는 대로 낭독을 시키는 것은 읽는 사고력 향상에 큰 도움을 주는 훈련 방법이다.

넷째, 잘 말하는 사고력을 훈련시킨다.

말하는 사고력이란 보고, 듣고, 읽은 것을 다른 사람의 질문에 정확하게 답할 수 있는 능력을 말한다. 말하는 사고력이 높아도 보는 사고력이 낮으면 무엇을 보고 왔는지에 대한 질문을 받았을 때 말은 많이 하는데 핵심이 없는 말만 할 것이다. 마찬가지로 말하는 사고력은 높은데, 듣는 사고력이 약하면 내용을 정확하게 파악하지 못하기 때문에 대답하기에 어려움을 겪을 것이 뻔하다. 이와 반대로 보는 사고력이나 듣는 사고력이 아무리 높아도 말하는 사고력이 약하면 아무리 정확하게 보고, 읽고, 들었어도 제대로 전달하지 못할 것이다.

또 말하는 사고력은 보고, 듣고, 읽은 내용을 정리해서 상대방을 설득할 수 있는 능력을 말하는데 이것은 일반적인 대화 능력과는 차별화되는 능력이다. 말하기 능력이 약한 아이들은 대부분 듣는 능력도 약하다. 대화를 하다 보면 주제에서 벗어난 이야기를 하거나 말은 많이 해도 핵심이 없는 경우도 있다. 학교에서 있었던 일이나 그 밖의 일들을 전달하는 능력이 약하며 이로 인해 산만해지고 자신감은 잃어버리게 된다. 책을 큰소리로 낭독하게 하고 스스로 듣는 훈련을 통하여 자신감을 갖게 해주는 것이 중요하다.

보고, 듣는 사고력이 뛰어난 아이가 말하는 사고력이 발달되어 있지 않으면 보고 들은 것은 머릿속에 가득한데 언어로 전달되지 않아 스트레스를 받는다. 그래서 말하는 사고력이 약한 아이들은 언어 전달력이 약하기 때문에 말보다 행동을 먼저 하게 된다. 현재까지는 자기의 생각을 정리하여 글로써 남에게 전달하는 능력을 중시했다면 앞으로는 쓰기보다는 자기의 생각을 정리해 보다 빨리 전달할 수 있는 말하는 능력을 중요시하는 시대가 될 것이다. 하지만 쓰기와 말하기는 실과 바늘과 같아서 생각이 깊어야 말도 잘 할 수 있는 것이다.

다섯째, 잘 쓰는 사고력을 훈련시킨다.

쓰는 사고력이란 보고 듣고 읽은 내용을 상대방이 이해하기 쉽게 글로 표현할 수 있는 능력을 말한다. 쓰는 사고력이 높은 아이들은 보고, 듣고, 읽은 내용을 정확하게 글로 표현할 수 있다. 만약 쓰는 사고력이 높아도 보고, 듣고, 읽는 사고력이 약하면 정확하게 글로 표현하지 못한다. 써 놓은 것을 읽어보면 분량은 많아도 내용에 깊이가 없고, 무엇을 의도하는지 중심 글이 없다. 이러한 것은 본 것, 들은 것, 읽은 것이 정확하게 뇌 속에 저장되어 있지 않기 때문이다. 반대로 글 쓰는 사고력이 약하면 말은 잘하는데 글로는 옮기지를 못해서 일기 쓰기 및 글쓰기 자체를 힘들어 한다.

저학년 때부터 일기를 매일 쓰는 훈련을 시키되 그날 눈으로 본 것, 귀로 들은 것, 행동으로 직접 해 본 것 등을 자세하게 글로 표현하는 훈련을 해주어야 한다. 일기를 매일 쓰게 하되 건성으로, 형식적으로 쓰는 것을 방치하게 되면 오히려 쓰는 사고력이 떨어지게 된다. 그러나 유아기에 쓰는 사고력 훈련은 주의해서 해야 한다. 많은 아이들이 한글도 떼기 전에 책을 읽고 독서 감상문, 독서록 등을 쓰도록 부모가 강요하게 되면서 아이들이 책을 읽는 것 자체도 흥미를 잃어버리는 수가 있다. 유아들에게 글은 책을 읽는다고 다 쓰도록 해서는 안 된다. 먼저 책을 읽고 내용을 이해하고 내 생활과 연계하여 이야기도 해보고 주인공 입장과 반대 입장에서 이야기를 나누어 아이가 책을 충분히 이해하고 분석하며 책에 대한 흥미를 느낄 수 있도록 유도한다. 그리고 나서 '주인공에게 편지 써보기'나 '주인공과 나의 차이점 알아보기' 혹은 '내가 주인공이라면 나는 이런 상황에서 어떻게 했을까' 등 다양한 방법으로 글을 접근시킨다면 아이들이 글쓰기에 흥미를 잃어버리지 않고 또 글 자체도 여러 가지 각도에서 바라보는 교육이 되어 창의적인 글이 나올 수 있게 된다.

특히 초등학교 저학년 아이들이 무리한 일기 쓰기나 독서록 쓰기로 글쓰기에 대한 자신감을 잃어버리게 되면 정작 글을 써야 하는 학년이 되어서 글쓰기에 자신감을 찾지 못하게 된다. 저학년 아이들에게 글쓰기를 강요하는 것은 참으로 위험한 일이며 서두르지 말고 서서히 올바른 방법을 통해 접근하는 것이 바람직하다.

고학년 이후 아이들에게 주의할 것은 컴퓨터 자판에 의지해서 글을 쓰기보다는 손글씨를 쓰도록 하는 것이 좋다. 손글씨의 중요성에 대해 소개를 한 프로그램을 본 것이 생각난다. 200여 명의 초등학생을 두 그룹으로 나누어 실험이 진행되었다. 한 그룹은 컴퓨터 키보드를 사용해 글을 썼고 한 그룹은 펜으로 글을 쓰게 했다. 첫 번째 실험은 한글 쓰기 실험을 했다. 컴퓨터 키보드를 사용한 그룹이 더 빠르고 정확하게 과제를 수행했다. 그러나 두 번째 실험에선 주제를 주고 10분간 작문을 완성하는 과제를 주었다. 결과는 첫 번째 실험과 달랐다. 더 빨리 작문을 마친 그룹은 펜으로 글을 쓴 그룹이었다. 그리고 작문에 사용한 단어와 어휘는 컴퓨터 키보드 그룹보다 더 풍부했고, 글의 구성력과 완성도 또한 높았다. 또 다른 연구에 따르면 수업

시간에 손으로 필기를 한 학생들은 키보드로 타이핑한 학생에 비해 수업내용을 더 잘 기억했고, 학습내용을 재구성하는 능력 또한 높았다. 뇌 발달이 90% 정도 되는 13세 이전에 아이들에게 손글씨가 필요한 이유는 두뇌발달에 많은 영향을 주기 때문이다.

이 다섯 가지 사고력은 학습을 하는 데나 살아가는 데 있어서 선택사항이 아니라 한 가지라도 없어서는 안 되는 필수사항이다. 이러한 것을 어려서부터 잘 훈련해서 다섯 가지 사고력이 뛰어나다면 학습능력뿐 아니라 사회성도 뛰어난 아이가 될 것이다.

제 3 장

아
이
가
뿔
났
다

'오늘은 노느라고 소중한 하루를 낭비하고 말았다!' 어느 바쁜 아빠가 모처럼 휴일을 맞아 식구들의 간청에 못 이겨 낚시를 다녀온 날 밤 일기장에 적은 글이다. 그러나 그의 아들의 일기장에는 다른 글이 적혀 있었다. '오늘은 내 일생에 가장 기쁘고 행복한 날이었다. 아빠와 함께 낚시를 했기 때문이다' 바쁘게 산다는 것은 좋은 일이다. 하지만 그 '바쁨' 때문에 자신이 바쁘게 일하는 본연의 '목적'까지 잊어서는 곤란하다. 아무리 바쁘더라도 부모로서 내가 이토록 바쁘게 일하는 목적이 무엇인지 가끔씩 돌아보며 살아야 한다.

우리의 뇌는

좌우뇌가 조화로운 네트워크를 이루어야 한다.

그러나

좌우뇌가 불균형을 이루거나

유기적인 네트워크가 불안정하고 조화롭지 않다면

좌우뇌는 위와 아래로 높고 낮은 '정서불안정의 뿔'이 만들어진다.

'정서불안정의 뿔'이란

스트레스, 산만함, 스크린, 울음, 무기력, 기죽음, 우울, 집착, 공상,

상상, 불안, 흥분, 틱, ADHD 등 정서를 불안정하게 하는 요인들이다.

정서불안정의 원인이 되는 '뿔'은

아이의 두뇌발달에 불균형을 만들게 되고 생각과 행동의 불일치로

인해 올바른 인성을 갖추지 못한 아이로 성장하게 만든다.

성격이
뻘났다

뿔났어요?　1. 매사에 소심해서 걱정이에요.

 　우리 아이는 덩치도 크고 운동신경도 좋고, 집에서는 말도 잘하고 활발한 편이데 밖에서 놀 때에는 친구들이 발로 차도 대응도 못하고 울기만 해서 걱정이에요. 어떻게 해야 할까요?

왜! 뿔이 났을까? - 엄마! 마음을 알아주세요.

　좌우뇌가 불균형을 이루고, 우뇌의 협응력, 구성력, 시각적통찰력에 뿔이 난 아이들에게 많이 나타나는 현상입니다. 아이의 경우 덩치도 크고 운동신경도 좋고, 집에서는 말도 잘하고 활발한 편이므로 언어적, 인지적, 신체적 발달이 늦은 경우는 아닙니다. 그것보다는 아이의 좌우뇌 불균형 때문에 이런 현상으로 발전하는 경우가 많습니다.

　이런 자신감이 부족한 행동은 우뇌의 협응력이 낮은 경우인데 이런 경우 마음이 여려서 엄마처럼 가까운 사람들에게는 말을 잘하나 낯선 사람이나 나보다 눈빛이 강한 아이들에게는 자기 스스로에 대해서 비하하게 됩니다. 또 자존감이 부족한 경우에 자신이 친구들에게 맞는 것을 그저 속상해하고 울거나 할 뿐 그 상황을 극복하려고 하지 않습니다.

또한 자신은 못났기 때문에 맞는 것이 당연하다고 여기는 심리가 있으며 이러한 무력감은 우울하거나 불안한 아동에게서 흔히 보입니다. 혹은 부모의 양육 태도도 영향을 미칠 수 있습니다. 부모가 아이에게 엄격한 도덕성을 강조한 나머지 '절대로 남을 때려서는 안 된다.', '차라리 맞고 오는 것이 더 속 편하다.', '무슨 일이 있어도 싸우면 안 된다.'라는 등의 메시지를 평소에 말했다면, 아이는 자신이 공격당해도 '폭력은 나쁘다.'라는 도덕률에 얽매여 가만히 있기 십상입니다.

Solution - 엄마! 도와주세요.

하나, 사람들과 많이 접촉 할 수 있도록 도와주세요.

소심한 아이들은 친구들하고 어울리기를 어려워하고, 친구 앞에서 자신의 의사를 잘 표현하지 못합니다. 따라서 어떤 일이든 스스로 결정할 수 있도록 도와주고, 놀이터에서 낯선 친구들과 부딪칠 수 있는 시간을 만들어 주도록 합니다. 그리고 여러 사람 앞에 나설 기회를 자주 주어야 하며 낯선 사람들과 대화할 기회를 의도적으로 만들어주어야 합니다. 소심한 아이들에게 크게 소리를 지르거나 윽박지르는 것은 도움이 안 되며 구체적인 칭찬과 격려를 많이 해주어야 합니다.

둘, 담력을 키워주세요.

소심한 아이들은 바깥에서 놀기보다는 집안에만 있고 싶어 하며, 특히 밤에 나가기를 싫어합니다. 그렇기 때문에 소심한 아이는 밤에 부모님과 함께 산책을 하도록 하고, 집에서는 불을 끈 후 인형이나 장난감을 가져오는 훈련을 통해 마음이 여린 것을 고쳐 주어야 합니다. 그리고 7세쯤에 혼자 재우는 훈련을 하게 되면 더욱 효과적입니다. 혼자 재우는 훈련을 할 때는 분리불안이 발생하지 않도록 아이의 방에 조명등을 준비해주어 안락하게 해주어야 합니다. 초등학교 입학 전에는 밤에 심부름을 시켜 담력을 더 키워주어야 합니다.

셋, 대응하는 방법과 주변의 도움을 청하는 것도 알려주세요.

부모가 아이와 함께 역할극을 통해서 괴롭힘을 당하는 상황을 연습해보거나 태권도 등의 운동을 통해서 신체적 방어 능력을 가르치는 것도 좋은 방법입니다. 아이들이 공격할 때 다른 사람들이 있는 곳, 특히 어른들이 있는 장소로 가게끔 일러주세요. 우는 것 외에 '안 돼', '하지 마', '싫어' 등의 말을 통해서 대항하거나, 화난 표정을 짓거나, 도망을 치거나, 같이 몸으로 대처하는 방법 등 다양한 방법이 있음도 가르쳐줍니다. 이를 통해 자신감이 더 생기면 방어 능력은 저절로 생기게 마련입니다.

뿔났어요? 2. 우리 아이는 너무 이기적이에요.

 우리 아이는 밥을 먹을 때도, 책을 읽을 때도 엄마 옆에 앉으려고 동생과 다투고, 무슨 일이든지 마음대로 자기가 먼저 하려고 해서 걱정이에요. 자기가 하고 싶은 일을 하지 못하게 하면 삐지기도 하고 너무너무 걱정이 돼요.

왜! 뿔이 났을까? - 엄마! 마음을 알아주세요.

좌우뇌가 불균형을 이루고, 특히 좌뇌 선호도가 매우 높고 협응력이 뿔이 난 아이들에게 많이 나타나는 현상입니다. 만 3세 전후의 아이들에게서 나타나는 특성 중의 하나가 바로 이기적인 행동을 보이는 것입니다. 그렇기 때문에 아이들이 어느 정도는 이기적인 행동을 보이는 것은 정상이지만 친구관계에서 자기 욕구만 충족시키려고 자신의 권리만 주장하고 다른 친구를 배려할 줄 모른다면, 친구들과도 싸움이 잦아지게 되어 따돌림을 당하게 됩니다. 이러한 행동이 만 4세가 넘어도 계속된다면 아이는 스트레스가 가중되어 문제행동으로 나타납니다. 이기적인 아이들은 선천적으로 부모의 기질을 물려받은 경우, 부모가 모든 욕구를 다 들어주고 특별대우를 받고 자란 경우, 칭찬만 받고 남을 배려하는 인성교육이 부족한 경우 등 양육 과정에서 그 원인을 찾을 수 있습니다.

Solution - 엄마! 도와주세요.

하나, 친구를 배려하고 돕는 우뇌 훈련을 시켜주세요.

아이가 친구를 이해하고 배려할 줄 알고, 작은 일이라도 자기 힘으로 부모를 돕고 친구를 도울 수 있도록 훈련을 시켜야 합니다. 이때 "친구한테 절대로 맞고 다니지 마, 맞는 것은 바보야.", "친구에게 뺏기지 마."하며 아이들에게 이기심을 부추기는 언어는 삼가야 합니다. 그리고 가정에서 부모님을 도울 수 있도록 훈련을 시킵니다. 가정에서 부모님을 도와줄 정도의 아이가 되면 자기 주변 사람을 돕는 사람이 될 것이고, 이를 통해 남을 돕는 무엇인가를 할 수 있다는 배려의 마음이 싹트게 됩니다. 아이들의 이기심은 부모가 반드시 고쳐줘야 할 성격입니다. 왜냐하면 성인이 되어서 더 큰 문제행동으로 나타나기 때문입니다.

둘, 함께 할 수 있는 놀이를 통해 친구를 이해하도록 해주세요.

아이들은 나누는 것을 배우기 전에 '내 것'이라는 소유를 먼저 배우기 때문에 원하는 것이 있으면 즉각 가지려고 하고 자기 것을 주장하는 행동을 먼저 하게 됩니다. 이러한 이기적인 마음을 줄여주는 방법으로는 친구들과 함께하는 놀이를 통해서 서로 나누고 도와주는 훈련을 시키는 것입니다. 예를 들어 친구들과 함께 노래 부르기를 통해 친구에 대한 친밀감을 만들어 주고, 소꿉놀이를 통해 서로 나누어 주고 챙겨주는 배려의 마음을 갖도록 해보세요. 아이들은 이러한 놀이를 통해 서로 양보하고 일정한 질서를 지켜나가야 한다는 것을 자연스럽게 알게 되며, 친구와 나누는 기쁨 그리고 양보하는 즐거움을 자연스럽게 느끼게 됩니다.

뿔났어요? 3. 다른 아이들을 자꾸 때려요.

5세 남자 아이 엄마입니다. 우리 아이는 덩치가 크지도 않은데 유치원에서 다른 아이들을 손톱으로 할퀴고 때리는 일이 종종 있어 마음이 늘 불안하고 불편해요. 그러다 보니 다른 아이들과의 관계도 좋지 않은 것 같아 걱정이에요.

왜! 뿔이 났을까? - 엄마! 마음을 알아주세요.

좌뇌의 추상력, 언어사고력, 우뇌의 구성력, 시각적통찰력, 지각속도력에 뿔이 난 아이들에게 많이 나타나는 현상입니다. 아이들의 공격성 행동은 뭔가를 표현하는 방법입니다. 아이에게 공격성이 보인다고 해서 무조건 문제가 되는 것은 아닙니다. 만 3세 전후가 되면 자신의 행동을 어느 정도 조절할 수 있는 능력이 생겨나기 때문에 공격적인 행동이 줄어듭니다. 그러나 문제가 되는 경우는 그것이 얼마나 자주 나타나느냐에 달렸습니다. 공격성이 아이의 일상적인 생활과 친구관계를 방해할 만큼의 양으로 표출된다면 도움을 받아야 할 문제행동이라고 볼 수 있습니다. 공격성의 원인은 기질적으로 아이가 공격적인 경우, 부모가 아이를 존중하지 않고 무시할 경우, 부모의 강압이나 통제 그리고 과잉보호로 아이의 자존감이 침해 당해 좌우뇌가 불균형을 이루는 경우, 아이 뜻을 무조건 받아줘 맘대로 해도 된다는 생각이 싹튼 경우, 부모의 사랑과 애정이 필요로 할 때 그것을 받지 못해 분리불안으로 애정이 결핍된 경우, 게임이나 오락 등 과격한 폭력물에 너무 노출되어 있을 경우 등입니다. 또한 폭력적인 내용의 TV 프로그램이나 비디오를 보여준 경우와 부모가 아이를 지나치게 통제하거나 간섭한 경우도 아이가 공격성을 보이는 원인이 될 수 있습니다. 이런 행동의 원인은 대부분 가정생활에서 시작됩니다.

Solution - 엄마! 도와주세요.

하나, 화난 감정과 마음을 함께 공감해주세요.

아이들은 뭔가 바라는 것이 있는데 그것이 뜻대로 안 될 때 화를 내고 공격적인 행동을 하게 됩니다. 그렇기 때문에 아이가 왜 그런 행동을 했는지 대화를 통해 공감해 주고 상처 받은 아이의 마음을 풀어주어야 하는 것이 우선입니다. 아이가 원하는 것이 무엇인지를 확인하고 원하는 것을 말로 표현한다든지 또는 다른 친구들에게 피해를 주지 않고 원하는 것을 얻을 방법을 가르쳐 준다면 대부분의 공격적인 행동이 줄어들 수 있습니다.

둘, 역할놀이를 통해 개선해주세요.

예를 들어 맞는 역할과 때리는 역할을 엄마와 함께 합니다. 아이는 친구에게 맞는 역할을 하도록 하고 엄마는 때리는 친구 역할을 하여 맞는 아이의 심정을 경험하게 하는 것도 효과적입니다. 그리고 주변 사람들을 도와주는 경찰관 놀이나 아픈 사람을 고쳐주는 의사놀이를 함께 하여 친구들을 괴롭히는 것보다 도와주는 일이 행복하고 기분 좋은 일이라는 것을 아이 스스로 깨닫게 해줍니다.

셋, 스트레스를 줄여주고 칭찬과 격려를 통해 자존감을 갖게 해주세요.

아이들은 스트레스를 손이나, 몸, 입으로 풉니다. 아이에게 스트레스를 손으로 풀 수 있도록 찰흙, 물감, 모래, 비누 등을 활용해서 손으로 스트레스를 충분히 해소하도록 합니다. 즉 마음대로 주무르고 놀게 하여 스트레스를 풀 수 있도록 도와주는 것입니다.

이런 놀이를 통해 아이의 스트레스가 해소되면 공격성이 줄어들고 너그러운 성격으로 변화됩니다. 이런 훈련을 통해 아이에게서 공격적인 기질이 나타나지 않을 때 그 행동에 초점을 맞춰 칭찬과 격려를 해줍니다.

뿔났어요?   4. 뜻대로 안 되면 울기만 해요.

우리 아이는 조금만 뭐라고 하면 너무나 잘 웁니다. 그리고 울기만 하던 아이가 이젠 화가 치솟는지 소리를 지르기도 하고 발을 쿵쿵 구르기도 하며 울어댑니다. 어떻게 대해야 할까요?

왜! 뿔이 났을까? - 엄마! 마음을 알아주세요.

우뇌의 협응력이 낮아 마음이 여린 아이들에게서 더 심하게 나타나는 현상 중의 하나가 바로 울음입니다. 성장 과정에서 아이들은 자신의 부정적인 감정을 모두 울음으로 처리합니다. 정말 슬퍼서 우는 것 외에 불안하거나 무서울 때 혹은 짜증이 나거나 화가 날 때 등 다양한 상황에서 그러합니다. 특히 소리를 지르거나 발을 구르는 등의 행동은 분노의 표현인데 최근에는 분노 감정이 더 높아지는 추세라고 할 수 있습니다.

아이들은 아직 언어 능력이 충분하게 발달하지 않았기에 자신의 부정적인 감정 혹은 충족되지 않는 요구를 울음으로 표현할 수밖에 없습니다. 유난히 고집이 세고 떼가 심한 아이에게는 '해서는 안 되는 일'을 최소한으로 줄이는 것이 좋습니다. 아이에게 위험한 것만을 금하고 나머지는 모두 허용해서 시행

착오를 겪게 하는 것입니다. 이렇게 하면 아이는 되는 것과 안되는 것을 경험으로 터득하게 됩니다.

Solution - 엄마! 도와주세요.

하나, 마음이 여려서 잘 우는 아이는 공감이 중요해요.

선천적으로 여린 아이가 있습니다. 이런 아이들은 "○○때문에 그러니?" 라는 질문으로 아이의 마음을 들어주고, 편하게 안고 다독거려 주세요. 아이가 울고 있는 이유를 파악하고 힘든 마음을 공감해주면 대개 울음을 그치게 됩니다.

둘, 잘못된 행동을 고집하면서 우는 아이는 단호함이 중요해요.

아이들이 떼를 쓰며 우는 심리적인 이유는 아이가 원하는 것을 얻어내기 위해서 입니다. 다시말해 부모에게 죄책감이 들게 하고 부모가 지쳐서 항복할 때까지 칭얼거려서 자신이 바라는 것을 얻기 위한 협상으로, 부모를 누르고 욕구를 관철하고자 하는 마음이 강할 때 짜증을 내며 떼를 쓰게 됩니다. 육체적, 언어적 폭력을 가해 아이의 뜻대로 상황을 이끌어가는 극단적인 방법을 동원해 부모의 불안감을 높여 항복을 받아내고자 하는 심리적인 의도가 있는 것입니다. 아이의 울음을 떼쓰기로 간주해야 합니다. 따라서 아이의 울음을 무시하고 그 자리를 떠나보세요. 아이는 잠깐 더 큰 강도로 울어 젖히다가 주변에 자신의 행동을 받아주는 사람이 없다는 사실을 깨닫고 거짓말처럼 울음을 뚝 그칠 것입니다.

셋, 엄마에게 무엇인가를 요구할 때 우는 아이는 들어주지 마세요.

아이의 울음이 습관성인 것으로 보아야 합니다. 따라서 울면서 하는 경우에는 역시 들어주지 마십시오. 대신에 아이에게 다음과 같이 말씀해보세요. "네가 울지 않고 차분하게 말하면 그때 엄마가 네 요구를 들어줄게."라고요. 그런 다음에 정말 아이의 요구를 들어주면 아이에게 자연스레 메시지를 전달하는 것이 됩니다. "울면서 요구하는 것보다는 울지 않고 요구하는 것이 훨씬 더 나은 방법이야."라는 메시지입니다.

뿔났어요? 5. 너무 잘 삐쳐요.

우리 아이가 너무 잘 삐칩니다. 걸핏하면 방으로 뛰어 들어가 울어요. 장난을 치다가 조금 아파도 서럽게 울면서 "엄마 아빠, 회사 가."라고 소리를 칠 때도 있어요. 또 만들기 같은 것을 하다가도 잘 안 되는 것이나 새로운 것에 도전하는 것을 굉장히 두려워합니다.

왜! 뿔이 났을까? - 엄마! 마음을 알아주세요.

우뇌 선호도에서 협응력, 구성력이 불균형을 이루는 경우에 나타나는 현상입니다. 정서적으로 불안 상태에 놓여 있거나, 감정 조절이 어려운 기질적 성향을 갖고 있기 때문입니다. 이 경우 주변에서 적절한 공감과 위로를 해주는 것이 중요합니다. 비록 아이가 쉽게 달래지지 않고 더 삐치는 모습을 보인다고 할지라도 아이를 비난하지 않는 부모의 마음가짐이 중요합니다. 오히려 아이의 스트레스에 대한 대응 능력을 키워주는 것이 필요합니다.

Solution - 엄마! 도와주세요.

하나, 충분히 잠을 자게 해주세요.

잠은 스트레스를 덜어주고, 예방하는 데 도움이 됩니다. 또한 잠은 신체의 원기를 회복시켜주고 예민한 신경을 안정시켜줄 뿐만 아니라 정신적인 균형을 잡아줍니다.

둘, 신체적 활동을 통해 몸을 튼튼하게 만들어주세요.

신체적 활동은 근육과 뼈를 튼튼하게 하고 심장과 혈관, 호흡기, 뇌 등을 활성화시켜줍니다. 정신적인 면에서도 자신감을 키워주고 쉽게 좌절하지 않도록 도와주는 역할을 하지요. 지나치게 경쟁적이지 않으면서도 안전한 운동을 찾아 가족과 즐기는 것이 좋습니다. 예를 들면 수영, 조깅, 자전거 타기, 줄넘기, 체조 등입니다.

셋, 자신감을 키워주세요.

자신감은 스트레스를 물리칠 뿐만 아니라 좌절을 경험하더라도 빨리 회복할 수 있게 하는 원동력이 됩니다. 자신감을 키워주려면 아이가 성공했을 때나 실패했을 때 모두 받아주고 동시에 용기를 주는 부모의 양육 태도가 중요합니다.

뿔났어요?   6. 잠을 자다가 무서워서 깨어 울어요.

우리 아이는 잠을 자다가 놀라서 깨어 우는 일이 많아요. 마음이 여려서인지 무서워서인지 무서운 꿈을 꾸어서인지 자주 울어요. 왜 우는지 울 때는 어떻게 해야 하는지 걱정이에요.

왜! 뿔이 났을까? - 엄마! 마음을 알아주세요.

유아기의 아이들은 낮이나 잠자기 전에 너무 격렬하게 뛰면 무서운 꿈을 꾸기 쉽습니다. 또한 아이가 어떤 걱정이나 두려운 일을 경험하고 있을 때에는 꿈에 괴물이 자주 나타나게 됩니다. 따라서 자주 무서운 꿈을 꾼다면 현실에서 어떤 걱정이나 두려움이 있는지를 알아보고 이를 해결해 주어야 하는 것이 우선입니다.

아이들은 잠을 자다가 놀라서 깨어 우는 일은 흔히 있습니다. 이때 부모가 당황하거나 놀라면 아이는 더 무서워하게 됩니다. 그리고 자다 깨었을 때에는 생각하고 판단하는 능력이 매우 빈약한 상태가 되므로 울고 있는 아이를 붙잡고 울지 말라고 야단을 치거나 말로 뭔가를 설명하는 것은 도움이 되지 않습니다.

Solution - 엄마! 도와주세요.

하나, 아이를 편안하게 안고 달래주세요.

아이가 잠에서 깨어 무서워서 울면 "엄마가 옆에 있어, 엄마가 있으니까 괜찮아."하면서 꼭 안아 주세요. 그 이상의 말은 별소용이 없습니다. 부모가 편안한 심정으로 아이를 안아주었을 때 아이는 부모의 편안함을 느끼고 진정이 되어 다시 잠들 수 있습니다.

둘, 아이가 진정되면 그것이 꿈이고 안전하다는 것을 말해주세요.

아이의 현실적인 걱정거리나 두려움이 있으면 해결하도록 도와주세요. 요술지팡이를 만들어 잠들기 전에 아이의 꿈속에 괴물이 나타나지 않도록 의식을 거행하여 편안하게 잠이 들도록 도와주세요. 그리고 귀신이 나타나도 엄마가 함께 쫓아내 줄 것이라는 자신감을 키워주세요.

셋, 잠들기 전에 아이 방에 조명등을 켜주고 조용한 음악을 들려주세요.

아이의 뇌를 편안하게 해주는 음악은 매우 효과적입니다. 예를 들어 브람스의 자장가, 생상스의 백조, 쇼팽의 빗방울 전주곡, 바흐의 아리아 등과 같은 곡은 아이의 뇌를 편안하게 해주고 깊이 잠들게 하는 곡입니다.

뿔났어요? 7. 상처를 잘 받고 눈물을 뚝뚝 흘려요.

우리 아이는 감성이 풍부해서인지 아니면 예민해서인지 감정의 변화가 심하고 상처를 잘 받으며 조금만 뭐라고 하면 눈물을 뚝뚝 흘려요. 친구들과 놀다가 와서 혼자 집에서 삐쳐서 방구석에서 울기가 일쑤에요. 어떻게 해야 할지 걱정이에요.

왜! 뿔이 났을까? - 엄마! 마음을 알아주세요.

4세가 되면 혼자서 할 수 있는 일이 많아집니다. 옷 입는 일, 배변 후 물 내리기 등과 같은 간단한 일은 스스로 하도록 격려해야 하는 시기입니다. 그리고 5세는 부모로부터 독립하는 시기로 집안에 있기보다 하루 종일 나가서 놀기를 더 즐기고 새로운 능력과 폭넓은 흥미, 넓어진 시야 등을 이용해 자신의 능력을 시험해보느라 바쁩니다. 6세가 되면 의사표현이 정확해져서 행동의 원인과 결과를 예측하는 능력이 생깁니다. 가령 '양말을 신지 않으면 발이 시리다' 라는 식으로 나름대로 예상을 하고 행동하게 됩니다.

엄마의 가벼운 주의에도 눈물을 뚝뚝 흘린다는 점으로 미루어 볼 때 아이는 단지 자신의 잘못된 행동 때문에 야단맞는 것이 아니라 엄마가 자신을 미워하거나 싫어한다고 여길 가능성이 큽니다. 이런 아이들은 우뇌의 협응력이 낮아 마음의 상처를 쉽게 받는 아이입니다. 마음이 여리기 때문에 스트레스에 대한 탄력성이 부족하다고도 말할 수 있습니다.

Solution - 엄마! 도와주세요.

하나, 아이의 마음을 공감해주고 위로해주세요.

아이들이 삐쳐서 웅크리는 행동의 이면에는 누군가 내게 와서 나를 다시 데려가기를 바라는 마음도 숨어 있습니다. 아이가 마음의 상처를 입었을 때 옆에서 위로해줘야 합니다. 이렇게 해보세요. "엄마에게 야단맞아서 무척 속상했겠구나. 하지만 엄마는 우리 슬이가 미워서 그런 것은 절대로 아니야. 엄마는 슬이를 사랑해. 슬이를 너무 사랑해서 그런 것이야." 혹은 "친구 때문에 기분이 안 좋구나. 하지만 친구들이 너를 싫어하는 것은 절대로 아니야. 친구는 자기도 모르게 네 기분을 나쁘게 만든 거야." 라는 설명을 덧붙여주세요.

둘, 아이의 자아존중감과 자신감을 키워주세요.

친구의 사소한 행동 역시 자신을 싫어하기 때문에 의도적으로 이루어졌다고 잘못 해석할 가능성이 큽니다. 이는 결국 자아존중감과 직결된 문제입니다. 따라서 평소 부모님이 아이에 대한 칭찬을 충분하게 해주어 아이의 자아존중감과 자신감을 키워주세요.

셋, 의도적인 울음은 단호하게 들어주지 마세요.

아이들의 경우 자신의 감정 상태를 주변 사람들에게 강렬하게 인식시켜 자신을 보호하기 위한 의도도 있습니다. 즉, 과장된 울음은 엄마에게 동정심을 유발하거나 추가적인 야단을 멈추게 만들 수 있다고 생각하는 것입니다. 아이의 울음이 부정적인 행동을 유발하는 습관성일 경우에는 들어주지 마세요.

뿔났어요? 8. 늘 비교하고 무엇이든 이겨야만 해요.

우리 아이는 승부욕이 강해서 걱정입니다. 동생과 자신을 비교하고, 남과도 잘 비교합니다. 또한 친구와 게임이라도 하게 되어 지기라도 하면 화를 내고 울고불고 난리가 납니다. 너무 승부욕이 강해 걱정이에요.

왜! 뿔이 났을까? - 엄마! 마음을 알아주세요.

승부욕이 강하고 비교를 많이 하는 것은 사실 상당 부분 아이의 타고난 기질에서 비롯됩니다. 어떤 아이는 다른 사람이 자신보다 더 앞서는 것에 대해서 잘 견디지 못하고, 또 어떤 아이는 다른 사람의 능력에 별반 신경을 쓰지 않습니다.

일반적으로 나이가 어릴수록 다른 아이와 비교하여 더 많이 가지려거나 이기려고 하는 경향이 있습니다. 아직 이성적인 판단을 제대로 하지 못하기 때문입니다. 승부욕이 강한 아이에게는 아이의 문제점을 곧바로 지적하고 비난하는 것보다는 상황을 올바르게 잘 유도하는 것이 더 효과적입니다.

Solution - 엄마! 도와주세요.

하나, 상황을 이해하도록 공감해주고 위로해주세요.

실제로 아이가 승부에서 져서 울고불고할 때는 반드시 아이의 마음을 읽어주고 위로해주세요. "네가 져서 마음이 많이 아프구나. 엄마도 승부에서 지고 나면 많이 속상해." 그런 다음에 아이의 흥분된 마음이 다소 가라앉으면 "네가 승부에서 져도 화를 내지 않으면 좋겠구나."라고 말해주세요.

둘, 아이가 변화되도록 유도해주세요.

가령 아이가 승리를 원할 때는 가급적 그러한 상황을 많이 제공해준 다음에 "만일 네가 친구에게 져도 화를 내지 않는다면, 너는 정말 최고로 훌륭한 아이가 될 거야" 라는 말로 아이가 변할 수 있도록 시도하세요. 부모의 칭찬을 통해서 아이가 더 큰 기쁨과 만족감을 얻게 된다면 아이는 서서히 부모의 바람대로 행동을 수정해 나갈 수 있습니다.

셋, 부모님의 솔선수범이 중요해요.

부모님 스스로도 다른 사람들, 특히 동생과 서로 비교하지 않고, 뜻대로 되지 않아도 화를 내지 않고 상황을 잘 받아들이는 모습을 보여주는 것 역시 중요합니다.

뿔났어요?   9. 집중력이 약해서 걱정이에요.

 우리 아이는 한자리에 앉아 오래 공부를 하지 않아요. 30분만 지나면 냉장고를 열고 닫고 난리가 아닙니다. 또한 공부를 할 때 다리를 흔들고 핸드폰 만지고…. 늘 저와 공부 때문에 전쟁을 치르고 삽니다.

왜! 뿔이 났을까? - 엄마! 마음을 알아주세요.

집중력이란 공부하는데 필요로 하는 몸과 마음을 한 곳으로 모으거나 모이게 하는 것으로 우리가 살아가는데 아주 필요한 요소입니다. 집중력이 없어서는 어떠한 일도 제대로 할 수 없고 질적인 성과도 기대할 수 없습니다. 특히 학생들이 공부하는데 아주 깊이 집중해서 공부하는 습관은 성적과 직결되기 때문에 매우 중요합니다.

물론 선천적으로 집중력이 약할 수 있으나 대부분은 후천적인 생활습관에서 비롯되기 때문에 생활습관을 바꿔 주고 집중력 훈련을 하면 충분히 고칠 수 있고 성격까지 긍정적으로 바꿀 수 있습니다.

Solution - 엄마! 도와주세요.

하나, 생활규칙을 잘 지키는 습관을 키워주세요.

아이들에게는 집중력도 하나의 훈련입니다. 생활규칙을 정해서 짧은 시간이라도 집중하여 일을 완수하는 습관을 키워주는 것이 중요합니다. 아침에 전쟁을 치르는 것도 생활습관이 불규칙적이라 그런 것입니다.

예를 들어 정해진 시간에 깨우면 일어나서 양치질을 하고 세수를 하고 밥을 먹도록 하는 규칙적인 습관을 갖도록 도와주어야 합니다. 또한 책을 읽는 시간에는 TV를 보거나 딴짓하지 않도록 하고 규칙적으로 책 읽는 습관을 갖도록 합니다. 생활규칙을 통해 집중력이 향상된 아이는 원 생활뿐 아니라 학습 성취에 있어서도 큰 효과가 나타납니다.

둘, 아이에게 안정감을 갖도록 도와주어 집중력을 향상시켜주세요.

유아기는 정서적인 안정이 매우 중요합니다. 심리적으로 불안감을 가진 아이는 쉽게 집중할 수 없습니다. 충분한 수면을 취하고 아이가 감정을 표현할 수 있도록 격려를 많이 하고 엄마가 아이의 감정을 공감해주고 적절하게 반응해주는 것만으로도 아이는 집중력의 힘인 협응력을 향상시킬 수 있습니다.

셋, 아이가 좋아하는 활동을 함께 하세요.

유아기에는 좌뇌보다 우뇌의 발달이 지배적이어서 집중, 흥미, 재미는 학습이나 인성에 중요한 영향을 주게 됩니다. 유아기의 아이들에게 집중력을 심어준다고 강압적으로 흥미 없는 일을 억지로 시키는 것은 큰 부작용을 가져올 수 있습니다. 아이가 좋아하는 놀이나 활동을 좀 더 즐거운 일로 느낄 수 있도록 엄마가 관심을 가지고 함께 해주면 아이는 그로부터 어떤 일에 집중하는 경험을 하게 되고 이를 통해 다른 일에도 스스로 집중할 수 있는 능력을 갖게 됩니다.

넷, 스마트폰보다는 엄마와 함께 하는 즐거운 게임을 하세요.

아이들은 우뇌를 통해 좌뇌를 발달시키기 때문에 즐겁게 노는 것만으로도 아이들의 집중력은 향상됩니다. 그러나 스마트폰, 게임기, 오락기, 컴퓨터, TV 시청과 같이 강렬한 시각을 요구하는 빠른 화면을 보는 것은 집중력 향상에 방해가 됩니다. 엄마와 함께 상호 작용하는 즐거운 게임을 함께 하는 것은 아이의 두뇌를 발달시키는데 효과적입니다. 예를 들어 카드 짝맞추기를 함께 하거나 없어진 물건 찾기, 순서 외우기 등은 집중력을 향상시킵니다. 이처럼 생각할 수 있고 재미있게 같이 할 수 있는 게임을 함께 하는 것은 집중하는 습관을 키우는데 도움이 됩니다.

뿔났어요? 10. 외향적인데 집중력이 약해요.

우리 아이는 적극적이고 외향적인 아이인데 제가 조용히 책을 읽어줄 때 가만히 있지 않고 엉뚱한 이야기를 툭툭해서 걱정이에요.

왜! 뿔이 났을까? - 엄마! 마음을 알아주세요.

유아들의 경우 외향적이면서 집중력이 약한 아이는 지나치게 몸을 많이 움직이는 환경에서 자란 아이입니다. 주변이 늘 산만하고 어려서부터 여러 사람에 의해 양육되어진 아이에게 나타납니다.

이런 아이들은 신체의 움직임이 지나치게 많은 놀이에 빠져 있으며, 자리에 앉아 있을 때 손과 발을 가만히 두지 못하고 끊임없이 움직입니다. 또한 이런 아이들은 한자리에 차분히 앉아 꾸준히 학습하기 어려운 편이며, 또 공부하면서 입 밖으로 소리를 내며 발표하듯 공부하는 아이가 많습니다. 이런 유형의 아이들은 조용히 자리에 붙들어 앉히고 공부를 시키면 오히려 역효과가 납니다.

Solution - 엄마! 도와주세요.

하나, 유아들은 훈육환경에 변화를 주어 집중력을 높여주세요.

외향적인 유아들이 산만한 경우는 환경을 보아야 합니다. 우선 환경적으로 산만한 것을 바꿔주어야 합니다. 사람이 많은 곳을 피하고, 장난감 수를 줄이고, 밥 먹을 때와 공부할 때는 TV를 끄고 집중할 수 있는 환경을 만들어 주어야 합니다. 규칙적인 생활습관을 길러 주고, 좋아하는 것에 집중하게 해주고, 반드시 자세는 바르게 앉아서 책을 읽는 습관을 길러 주어야 하며, 손이나 발을 움직일 때마다 잡아 주면 효과적입니다.

둘, 초등학생은 발표와 토론으로 집중력을 높여주세요.

외향적인 성향의 아이들은 한자리에 있을 때보다 걷거나 몸을 적당히 움직이면서 공부할 때 오히려 집중도가 더 높아집니다. 그리고 머릿속으로만 유추해 보기보다는 실제로 행동하거나 다른 사람이 하는 것을 보고 따라 하면서 배울 때 집중력이 높아집니다.

따라서 이런 아이들은 일대일 교육법보다는 또래 아이들과 모임을 만들어 발표를 하거나 함께 이야기를 하는 토론 위주로 공부를 시켜 자극도 주고 경쟁의식도 심어주는 것이 효과적일 수 있습니다.

뿔났어요? 　**11. 내성적인데 집중력이 약해요.**

　　우리 아이는 수줍음이 많고 소극적인 아이입니다. 아이들과 함께 놀이나 공부를 할 때면 집중을 하지 못해요. 성격이 문제인지 걱정이 많이 돼요.

왜! 뿔이 났을까? - 엄마! 마음을 알아주세요.

　유아들의 경우 내성적이면서 집중력이 약한 아이는 지나치게 몸이 산만한 것이 아니라 정신이 산만합니다. 내성적인 아이는 한자리에 오래 앉아 있는 것은 어렵지 않으나 그 시간 대부분을 멍하게 있거나 딴짓을 많이 하는 경향이 있습니다. 내성적인 아이들은 자신의 공간이 침해당하는 것을 받아들이지 못하고 이런 상황에서 집중력이 약해지기도 합니다. 또한 약간의 소음에도 민감하게 반응하는 경향이 있습니다.

Solution - 엄마! 도와주세요.

하나, 유아들은 심리적으로 안정감을 주어 집중력을 높여주세요.

내성적인 유아들이 산만한 것은 부모가 잘 돌보지 못해 텔레비전이나 오락기, 게임기, 컴퓨터에 긴 시간 노출되어 있는 경우입니다. 특히 앉아 있어도 문제를 깊이 생각하지 못하고 조금만 틈이 나면 다른 생각에 빠지게 됩니다. 다른 생각은 엉뚱한 생각 즉, 허상이라고도 하는데 현재 하고 있는 일에서 벗어난 생각입니다. 이런 아이들은 평면화면(컴퓨터, 텔레비전, 핸드폰, 오락기, 게임기 등) 보는 시간을 줄여주고, 창작동화처럼 공상, 상상하는데 도움을 주는 책보다는 수학동화나 과학동화처럼 좌뇌적인 책을 읽어주면 효과적입니다.

둘, 초등학생은 필기와 기록으로 집중력을 높여주세요.

내성적인 성향은 조용하고 독립된 혼자만의 공간에서 집중력이 최고로 높아집니다. 발표하는 것보다는 글로 의견을 전달하는 것을 더 편안하게 생각하기 때문에 스스로의 글을 읽게 하고 쓰도록 하는 것이 효과적일 수 있습니다. 외향적인 아이에게 '발표'나 '토론'이 집중력을 높이게 하는 방법이라면 내향적인 아이는 '필기'와 '기록'이 집중력을 높이는 방법입니다.

뿔났어요? 12. 호기심은 많은데 집중력이 약해요.

우리 아이는 동물에 관심이 많아요. 책을 볼 때도 좋아하는 동물에 대한 책은 잘 읽는 편인데, 관심이 없는 책은 보려고 하지 않아요. 너무도 관심 있는 것만 좋아해서 걱정이에요.

왜! 뿔이 났을까? - 엄마! 마음을 알아주세요.

호기심은 아이들의 본능 중 하나입니다. 아이들은 어릴수록 아직 세상에 익숙지 않은 덕분에 호기심이 왕성합니다. 호기심이 많은 아이는 자신의 관심을 끄는 것에는 매우 집중을 잘하는 반면 조금이라도 반복되면 금세 지루함을 느껴 싫증을 내는 경향이 있습니다. 선생님이나 부모님이 시켜서 하는 일에는 소극적인 반면 자신이 선택하는 활동에는 적극적으로 집중합니다. 임기응변에 능한 반면 계획을 세우고 실천하는 것에는 약하기 때문에 공부도 벼락치기로 하는 경우가 많고 상황에 따라 달라질 때가 많습니다.

Solution - 엄마! 도와주세요.

하나, 유아들은 칭찬과 격려로 집중력을 높여주세요.

호기심이 많은 유아들의 경우 집중을 할 수 있도록 동기를 부여해 주어야 하며 기분이 상하지 않게 해야 합니다. 책을 읽어야 할 시간에 텔레비전만 보고 있다든지, 머리만 매만지고 있다면 엄마는 당연히 화가 날 것입니다. 큰소리가 나고, 엄마에게 야단맞은 아이도 화가 나긴 마찬가지일 것입니다.

호기심이 많은 아이는 늘 자기가 하고 있는 것에 과도한 흥미를 느끼기 때문에 윽박지르지 말고, 늘 자기 일은 스스로 하도록 칭찬과 격려를 통해 도와주어야 합니다. 집중을 못한다고 혼을 내기보다는 조금이라도 집중을 할 때 잘했다고 칭찬과 격려를 해 주는 게 더 효과적입니다.

둘, 초등학생은 목표와 동기부여로 집중력을 높여주세요.

이런 성향의 아이들에게는 동기 부여가 중요합니다. 발등에 불이 떨어지거나 정말 자신에게 필요할 때는 엄청난 집중력을 발휘하므로 동기부여와 계획력을 길러주는 습관만 들이면 집중력을 끌어내는 데 큰 도움이 됩니다.

호기심 많은 아이에게는 '목표 세우기'와 '동기부여'가 공부와 집중력을 높여주는 열쇠입니다.

뿔났어요?　13. 자존감이 부족해서 걱정이에요.

우리 아이는 7세인데 스스로 아무것도 하지 않으려고 해요. 무슨 일이든지 쉽게 포기하고, 하고자 하는 열정이 부족해서 걱정이에요. 자존감이 부족한 것은 아닌지요.

왜! 뿔이 났을까? - 엄마! 마음을 알아주세요.

아이의 자존감을 길러주기 위해서는 정확한 뜻을 아는 것이 먼저입니다. 우리나라 엄마들은 자존감을 자존심, 자부심과 혼동하는 경향이 있습니다. 자존심은 남에게 굽히지 않고 스스로 자신의 품위를 지키려는 마음을 말합니다. 즉, 다른 사람과 비교를 통해 자신을 인정하려는 마음입니다. 자부심은 자신의 능력이나 노력에 의한 성과를 통해 생겨나는 긍정적 자의식을 말합니다. 외부에 드러나는 성공을 했을 때나 원하는 목표를 이루었을 때 경험할 수 있는 기쁜 감정입니다.

자존감은 다릅니다. 자존심과 자부심이 다른 사람과 외부 환경에 영향을 받는 것에 반해 자존감은 스스로 자신의 존재 가치를 인정하고 사랑하는 마음입니다. 유아기에는 아이들에게 자존감을 갖도록 도와주는 것이 중요합니다.

Solution - 엄마! 도와주세요.

하나, 벌칙은 현실적이되 꼭 지키세요.

아이를 훈육할 때 감정이 너무 격해져 아이가 지킬 수 없는 벌칙을 말하는 경우가 있습니다. "이제 친구랑 놀 생각은 하지 마!" 등의 가혹하고 지킬 수 없는 벌칙은 별로 효과가 없어요. 아이가 지키지 않아도 된다고 생각하기 때문이죠. 잘못한 행동에 대한 벌칙은 꼭 지켜야 한다는 것을 알려주기 위해 지킬 수 있는 현실적인 벌칙을 정하세요. 벌칙은 적을수록 좋지만 일단 정해진 것은 꼭 지켜야 합니다.

둘, 집안의 큰일을 결정할 때 아이와 함께 결정해보세요.

이사와 같은 집안의 일은 아이와 함께 결정해보세요. 아이가 결정할 권한은 없겠지만 미리 아이의 의견을 묻는다면 가족 구성원의 한 사람이라고 느낄 거예요.

그리고 존중받는다고 생각하게 되겠죠? 이러한 과정을 통해 아이는 의사소통의 중요성도 배울 수 있습니다. 결정이 내려진 후에는 그 내용을 아이와 공유하는 것도 잊지 말아야 합니다.

셋, 아이를 놀리거나 굴욕감에 빠지게 하지 마세요.

어른들이 무심코 던진 말에 아이는 상처를 받을 수 있어요. "동생보다 못하니?" 등 비교하는 말은 어른이 생각하는 것보다 아이에게 큰 상처가 될 수 있는 말이에요. 특히 다른 사람 앞에서라면 더욱 아이에게 상처가 되겠죠? 부모님 입장에서는 농담처럼 던진 말이지만 이런 말들로 아이의 자존감은 상처를 입게 됩니다.

넷, 아이에게 선택권을 주고 그것을 존중해주세요.

이전에도 말했던 적이 있지만 아이들은 선택하는 데 어려움을 겪고 있습니다. 이는 평소에 엄마가 선택해 주기 때문이죠. 이런 상황이 반복되면 자신의 선택에 자신감을 갖지 못하게 되고 불안해하게 됩니다. 스스로 선택을 한다는 것은 선택에 책임감을 갖는다는 것을 의미해요. 아이에게 선택권을 주는 것은 책임감을 키우고 자존감을 높여주는 행동이라는 것을 잊지 마세요.

그밖에 부모도 사과할 줄 알아야 하며 답을 제시하지 말고 힌트를 줘서 아이 스스로의 문제해결력을 높여 줍니다. 그리고 남을 돕는 봉사활동을 통해 공감을 유도하는 일 등도 아이의 자존감을 키우는 중요한 방법입니다.

뿔났어요?　14. 모든 일에 의욕이 없어요.

우리 아이는 매사에 의욕이 없어 걱정입니다. 스스로 하지 않으려고 해요. 늘 무엇인가에 의지하려고 하고 쉽게 포기해서 부모로서 답답합니다. 아마도 자기효능감이 떨어지는 것 같아요.

왜! 뿔이 났을까? - 엄마! 마음을 알아주세요.

아이들이 자라면서 스스로 하지 않으려고 하는 것은 우뇌의 구성력이 약해 자기효능감이 약한 경우의 아이들에게서 많이 나타나는 현상입니다.

자기효능감이란 어떤 특정한 문제를 자신의 능력으로 성공적으로 해결할 수 있다는 자기 자신에 대한 신념이나 기대치를 말합니다. 높은 자기효능감은 학습에 대한 집중과 지속성을 통하여 성취 수준을 높일 수 있고 그 결과 긍정적인 자아상을 형성하는 데 도움이 됩니다.

그러나 자기효능감이 낮으면 매사에 의욕이 없고, 늘 무엇인가에 의지하려고 하며, 어떤 과제를 주어도 쉽게 포기하게 됩니다. 이렇게 자기효능감이 낮은 이들도 다른 아이들 못지않게 뭔가를 잘해서 칭찬받고 인정받고 싶은 마음이 강하다는 것을 이해해야 합니다. 그 마음이 크다 보니 '잘못하면 어떻게 하나' 하는 두려움 때문에 선뜻 나서지를 못하게 되는 것이고, 그러다 보니 스스로 하고자 하는 의욕이 떨어지는 것입니다.

Solution - 엄마! 도와주세요.

하나, 작은 성공을 체험하게 해주세요.

과거에 아이가 성취했던 순간에 대한 기억은 연령이 올라가면서 어떤 일이든지 성공적으로 해낼 수 있다는 자기효능감을 발동시키는 원동력이 됩니다. 예를 들어 스스로 옷을 선택하고 입을 수 있도록 도와주어 아이가 성취에 대한 만족감을 갖게 된다면 어떤 일이든지 자기주도성을 갖게 되어, 무슨 일이든지 스스로 하고자 노력하게 됩니다.

둘, 자신감을 갖도록 관찰의 힘을 키워주세요.

아이들은 무엇인가 처음 시도해보려고 할 때 늘 불안해합니다. 그렇기 때문에 아이들에게는 할 수 있다는 자신감을 가질 수 있도록 다른 사람이 해내는 것을 관찰하면서 자신의 역량을 가늠해보고 해볼 만하다고 느끼게 해주는 것이 중요합니다. 여러 가지를 시도하도록 도와주고, 잘 실현해낸 사람들과 빈번하게 접촉하도록 해준다면 아이의 자기효능감 향상에 효과적입니다.

셋, '한 번 해봐' 라고 강요하거나 윽박지르지 마세요.

엄마는 답답한 마음에 아이에게 "못해도 괜찮아. 한 번 해봐." 라고 이야기하기 쉬운데, 이런 말을 들을 때 아이들은 왠지 압박감을 느끼고 선뜻 나서서 하지 못하는 자신이 더 부끄럽게 느껴진다고 합니다. 그러니 아이에게 부담을 주지 않도록 주의해야 하며, 아이가 잘하지 못하는 것을 지적하거나 윽박지르면 아이들은 뇌를 닫아버리기 때문에 더욱 조심해야 합니다.

넷, 결과보다는 노력한 과정에 칭찬과 격려를 해주세요.

아이들 스스로 해낸 결과에 대해서 너무 민감하게 반응하지 않도록 해야 하며 "이건 중요한 일이다.", "정말 잘했다.", "너무 똑똑하다." 라는 구체적이지 않고 막연한 말과 칭찬은 아이의 자기효능감을 높이는 데 도움이 안 됩니다.

부모에게 듣는 "너는 할 수 있어." 라는 격려의 말 한마디는 아이의 자기효능감을 끌어올리는 계기가 되기 때문에 부모의 경험담을 곁들여 가면서 아이가 자신의 역량에 확신을 가지도록 구체적으로 칭찬과 격려를 해줍니다.

뿔났어요? 15. 장난감을 어질러놓고 정리정돈을 못해요.

우리 아이는 5살 남자아이인데요. 집에서 한 번 놀게 되면 장난감을 정신없이 어질러 놓거나 뒤죽박죽 주변을 어지르고 정리를 하지 않아요. 더 걱정인 것은 집에서뿐만 아니라 유치원에서도 자기 멋대로 행동하고 산만하다고 해요. 혼을 내도 안 되고 걱정이 많아요.

왜! 뿔이 났을까? - 엄마! 마음을 알아주세요.

5세 전후의 아이들은 우뇌적이라 체계적, 순서적, 논리적이지 못 합니다. 또한 호기심이 많아 무언가에 집중할 수 있는 시간이 짧고, 주변의 모든 것을 자극을 주는 관심의 대상으로 인지하기 때문에 아이들은 산만한 것이 정상입니다. 하지만 정상적인 상태를 넘어서서, 작은 일에도 주의집중이 되지 않을 만큼 정신이 없거나 뒤죽박죽 주변을 어지르고 원이나 놀이방에서도 자기 멋대로 행동하면서 수업 진행까지 방해할 정도로 질서나 규칙을 지키지 않는다면 다른 아이들과의 관계나 단체 활동에도 지장을 초래할 수 있으므로 이를 개선할 수 있도록 적절한 도움을 주어야 합니다. 정리정돈을 하는 것은 단순히 깨끗해지는 것 이상의 의미가 있습니다. 그러나 흔히 부모들은 자녀에게 정리정돈을 습관화하기 위해 치우라고 잔소리를 하거나 화를 내며 대신 치우는 실수를 범합니다. 이러한 부모의 태도는 아이에게 정리정돈을 하는 것에 대해 거부감을 갖게 하여 아이가 자신의 일을 스스로 해결하는 능력을 기르는 것을 방해하게 되는 것입니다.

Solution - 엄마! 도와주세요.

하나, 안정감을 줄 수 있는 환경을 만들어주세요.

가정환경을 깨끗하고 정리된 모습을 보여주면 아이는 정서적으로 안정감을 갖게 되며 이를 보고 자연스럽게 놀이를 한 후에 정리를 해야 된다는 생각을 갖게 됩니다. 어떤 부모는 노는 아이를 따라다니며 치우게 하는 경우가 있는데, 이는 아이에게 심리적으로 압박을 주게 되고 스트레스를 유발하여 결과적으로 산만함으로 나타나기 때문에 주의해야 합니다. 따라서 아이가 어지르고 놀아도 되는 공간을 정해주고 시간을 약속하여 그 시간 동안 충분히 놀고 난 후, 정해진 시간에 치우도록 격려하는 것이 좋습니다. 또한 장난감 수를 줄이고, 밥 먹을 때와 공부할 때는 TV를 끄고 집중할 수 있는 환경을 만들어 주어야 합니다. 그리고 규칙적인 생활습관을 길러주고, 좋아하는 것에 집중하게 해주면 효과적입니다.

둘, 작은 것부터 조금씩 정리하도록 격려해주세요.

너무 많이 어질러져 있는 방을 한꺼번에 정리하도록 하면 아이는 정리하는 활동에 부담감을 느끼며 이를 기피하게 됩니다. "오늘은 블록만 담아보자." 라고 하며 다른 부분을 부모가 도와주고 아이가 할 수 있는 만큼만 정해 주는 것이 좋습니다. 아이가 쉽게 정리할 수 있도록 정리함이나 바구니 등을 준비해 주고, 어떤 것을 정리하는지 알아볼 수 있도록 사진이나 그림을 붙여주는 것도 도움이 됩니다. 아이가 그 방의 주인이라는 생각을 가질 수 있도록 어디에 어떤 물건을 정리할지 스스로 정하게 하고 그에 맞추어 정리하도록 격려해 주세요.

셋, 간단한 집안일을 돕도록 해주세요.

5세 전후의 아이들은 사물의 용도를 대부분 파악하고 자신의 의사표현을 제대로 할 수 있습니다. 간단한 집안일을 시키면서 방 쓸고 닦기, 빨래 정리하기 등의 정리정돈 교육도 함께 해주세요. 바깥 심부름은 처음에 혼자서 하기 어려우니 처음에는 엄마가 동행해서 두려움을 없애주는 것이 중요합니다. 아이가 어느 정도 익숙해지면 엄마가 구입할 물건의 목록과 돈의 액수를 적어주고 아이를 혼자 보내보세요. 첫 심부름을 무사히 해냈을 때 아이는 뿌듯함을 느끼고 자신감을 갖게 됩니다.

뿔났어요? 16. 누나 행동을 시시콜콜 고자질해요.

우리 아이는 모든 것을 열심히 하고 말도 잘 듣는 아이인데, 문제는 누나가 하는 행동을 시시콜콜 저에게 고자질해요. 어떤 식으로 접근해 교육하는 것이 좋을까요? 또 이런 행동을 하는 심리나 이유가 궁금합니다.

왜! 뿔이 났을까? - 엄마! 마음을 알아주세요.

자신이 보다 많은 주목과 관심을 받고자 하는 아이입니다. '자신은 잘하고 있는데 다른 아이는 잘 못하고 있으니 나를 더 칭찬하고 인정해주세요.' 라는 심리적 동기를 갖고 있습니다. 어쨌든 아이의 고자질하는 행동에 대해서는 매우 신중하고 섬세하게 접근하면서 대응할 필요가 있습니다.

만일 고자질을 다 받아줘서 잘못한 아이들을 곧바로 야단친다면 시간이 흐르면서 어느새 고자질한 아이가 미움을 받게 될 것입니다. 그렇다고 해서 고자질한 아이를 야단치면 아이는 이해를 하지 못할뿐더러 억울하다고 생각하고 혼란스러워할 것이 분명합니다. 이러한 문제를 해결하는 데는 두 가지 대응 전략이 있습니다.

Solution - 엄마! 도와주세요.

하나, 아이의 말을 들어주되 한계를 정해주세요.

예를 들어 "응, 알았어. 그런데 지금은 엄마가 집안일 중이니까 다음부터는 나중에 따로 엄마에게 얘기해줘." 라고 말해서 현재의 아이 행동에 제한을 주세요. 아무리 옳다고 생각하는 행동이라도 고자질하는 것은 잘못이라는 점을 일깨워주는 셈입니다.

둘, 나중에 아이를 따로 불러서 고자질의 좋지 않은 점에 대해서 설명해주세요.

다음과 같이 말씀하시면 됩니다. "너는 다른 아이들과 다르게 올바르게 행동해서 참 좋아. 하지만 누나의 잘못을 엄마에게 다 알려주면 누나가 너를 싫어할 수도 있어. 누나의 잘못을 발견하는 것은 엄마가 해야 할 일이지, 네가 할 일은 아니란다." 이는 아이를 직접적으로 비난하지 않으면서 고자질의 문제점을 일러주는 것입니다.

뿔났어요?   17. 입만 열면 너무 짜증을 내요.

아이가 셋인 엄마입니다. 가장 큰 문제는 큰 아이와 저 사이에 자주 트러블이 생긴다는 겁니다. 아이는 입만 열면 '지겹다', '짜증난다'는 말만 늘어놓습니다. 우리 아이 이러다간 성격적으로 문제가 될 것 같아 걱정이에요.

왜! 뿔이 났을까? - 엄마! 마음을 알아주세요.

만 2~3세경의 아이들은 발달과정상 자아의식과 호기심이 발달하는 시기이며 아직 타인의 소유물에 대한 이해가 부족하기 때문에 하지 말아야 할 일과 해도 괜찮은 일을 구분하기 쉽지 않습니다. 그리고 이 시기의 아이들은 스스로 하고 싶은 욕구가 생기는데 자신의 생각대로 일이 되지 않을 경우 짜증을 통해 감정을 표현합니다.

또한 연령이 올라가면서 원하는 요구 사항을 관철시키기 위한 수단으로 짜증을 내서 엄마를 괴롭히는 아이들이 있습니다. 그리고 갑자기 환경이나 상황이 바뀌어 불안감을 느끼거나 자신의 욕구를 억눌러야 할 때 아이는 사소한 다른 일에 쉽게 짜증을 분출합니다. 예를 들어 동생이 새로 태어나거나, 전학을 가거나, 하루 일과를 소화하기 힘든 상황 등 새로운 환경 변화에서 받는 스트레스가 있을 때 쉽게 짜증을 내며 반항하거나 난폭한 행동을 하기도 합니다.

Solution - 엄마! 도와주세요.

하나, 짜증이 난 이유를 물어 보고 아이와 공감을 해주세요.

아이가 짜증을 낼 때 엄마가 아이의 생각을 듣고 이해해주는 것이 중요합니다. "이 인형을 가지고 놀고 싶은데 엄마가 바빠서 꺼내주지 못해 짜증이 났구나." 라며 짜증을 내는 원인과 자신의 감정을 이해해 주는 것만으로도 아이의 마음이 가라앉습니다.

둘, 환경이 변할 때 아이에게 자주 질문을 해서 감정을 읽어보세요.

아이들은 낯선 상황에 처할 때 익숙한 환경이 바뀔 때 어른들보다 훨씬 큰 불안감을 느낍니다. 아이들은 언어표현력이 부족하기 때문에 짜증을 내거나 폭력적인 행동으로 스트레스를 표출하게 됩니다. 환경이 바뀔 때는 아이의 심리 변화를 들여다보고 엄마가 열린 질문을 자주 하여 아이를 안심시키고 도와주려는 자세를 보여주는 것만으로도 아이 마음이 크게 안정이 됩니다.

셋, 자신의 감정을 언어로 표현하는 방법을 알려주세요.

아이들이 짜증나는 상황을 완전히 차단하는 것은 불가능하지만 자신의 불편한 감정을 표현하는 것만으로도 많은 도움이 됩니다. 짜증나는 상황이 발생했을 때 떼를 쓰거나 화를 내는 대신 "저 지금 화가 나요.", "그런 건 싫어요." 등 자신의 감정을 언어적으로 차분하게 전달하는 방법을 알려줍니다.

넷, 짜증을 내지 않았을 때 칭찬해주세요.

아이가 불편함을 참거나 침착하게 태도를 보일 때는 반드시 칭찬해줍니다. 칭찬을 할 때는 "배가 많이 고팠을 텐데 엄마가 동생을 씻기느라 늦어져서 미안하구나. 그래도 잘 참고 기다려주니 너무 기특하고 착하네. 엄마가 빨리 저녁 줄게." 등의 방식으로 왜 칭찬을 받는지 아이가 이해할 수 있도록 원인을 함께 말해주는 것이 좋습니다.

다섯, 아이와 함께 짜증을 내지 마세요.

엄마가 침착하고 단호하게 대처하지 못하고 함께 짜증을 내면 아이는 자신의 감정을 해소하지 못한 채 더욱 흥분하거나 억눌리게 됩니다. 아이의 행동에 화가 날 때는 일단 못 본 척하거나 잠시 자리를 피하는 것으로 아이의 행동을 외면하는 것도 도움이 됩니다. 엄마가 마음을 먼저 가라앉힌 후 차분하게 이야기할 수 있도록 합니다.

뿔났어요? 18. 헤어질 때 안 떨어지려고 해요.

직장을 다니는 엄마입니다. 아침에 회사를 가야 하는데 울고불고 떨어지려고 하지 않아요. 딸아이가 이럴 때마다 너무 마음이 아프고 힘들어요. 휴직을 하고 다시 아이를 돌봐야 하는지, 아니면 어떻게 해야 할지 모르겠어요.

왜! 뿔이 났을까? - 엄마! 마음을 알아주세요.

분리불안은 애착 대상과 떨어져야 할 때나 분리가 될 것이 예감될 때 불안해하는 정도가 일상생활이 안 될 정도로 심하거나 반복적인 경우입니다. 만 2세 전후로 아이는 엄마와 떨어지는 것에 대해 불안과 공포심을 느끼게 됩니다. '분리불안'은 엄마와의 애착 정도에 따라 다르지만 부모와의 애착관계가 잘 형성된 유아에게 나타나는 정상적인 현상입니다.

유아 분리불안의 핵심은 바로 부모와 자녀 관계의 불안정한 애착입니다. 엄마와의 애착이 불안정하고 엄마가 나를 버리고 가버릴지도 모른다는 마음이기 때문입니다. 어린 유아들이 주 애착대상과 혹은 익숙한 환경으로부터 분리되는 것에 대해 불안을 느끼는 것은 지극히 자연스러운 현상일지도 모르지만

6~7세가 지난 후에도 이런 불안이 계속되고 정상적인 범위를 넘어서 일상적 활동에 장애를 준다면 분리불안장애까지 의심해 봐야 합니다.

Solution - 엄마! 도와주세요.

하나, 의도적으로 떼어놓지 마세요.

아이의 불안은 환경에서 비롯되는 경우가 많으므로 의도적으로 아이를 떼어놓거나 아이 혼자 내버려 두고 숨어서 지켜보는 등의 행동을 하지 말아야 합니다. 집안일을 하거나 외출할 때도 아이를 함께 데리고 다니면서 아이 스스로 놀아 보도록 격려해 줍니다.

둘, 돌 전에 아이와 많은 시간을 보내주세요.

아이가 너무 의존적이 되는 것을 우려해서 울 때 일부러 관심을 덜 보이는 경우가 있습니다. 하지만 분리불안 증상을 보이는 예민한 시기에는 아이와 더 많은 시간을 같이 있어 주는 것이 바람직합니다. 돌 전후의 아이는 친숙하지 않은 사람에게 갑자기 맡기지 말고 새로운 사람이나 장소에 익숙해진 뒤 맡기는 것이 좋습니다.

셋, 헤어질 때 작별 인사를 해주세요.

분리불안이 심한 시기에는 아이와 잠시 헤어질 때 반드시 아이와 작별 인사를 하는 것이 좋습니다. 이는 엄마가 곧 돌아올 것이라는 사실을 인식시켜주는 행위입니다. 아이가 자는 동안 몰래 나가는 것은 바람직하지 않습니다. 아이가 깨어났을 때 엄마가 없다는 사실에 배신감을 느끼고 불안감이 더 심해질 수도 있습니다.

넷, 인형이나 장난감으로 불안감을 덜어주세요.

아빠나 이모 등 친한 사람과 같이 있게 하거나 아이가 애착을 느끼는 인형, 장난감 등을 주면 아이의 불안감을 덜어줄 수 있습니다. 낯가림과 분리불안 같은 애착 행동은 환경적인 조정을 통해 어느 정도 그 증상을 완화시킬 수 있으므로 친숙한 사람이나 물건들로 아이의 불안감을 달래줍니다.

다섯, 아이가 아플 때 옆을 지켜주세요.

아이가 열이 나는 등 아프거나 다른 불편한 상황일 때에는 '떨어지기 연습'을 하지 않는 게 좋습니다. 분리불안이 너무 오래가거나 학교에 들어간 후에도 지속되면 소아정신과를 찾아가 보는 것이 좋습니다. 단순한 발달 과정의 일부가 아니라 '분리불안장애'와 같은 정신과 영역의 문제일 수도 있기 때문입니다.

뿔났어요?　19. 늘 아이들 주변만 맴돌고 친구도 없어요.

쌍둥이 아이를 둔 엄마입니다. 우리 아이는 친구도 없는 듯합니다. 쌍둥이 동생과 같은 원을 다니니까 동생 친구들이 다 자기 친구들인데도 유독 친구들과 어울리지 못하고 주변만 맴돌고 있습니다. 이런 성향의 아이라면 나중에 학교에서 왕따를 당하지 않을까 걱정스럽기까지 합니다.

왜! 뿔이 났을까? - 엄마! 마음을 알아주세요.

우리의 뇌는 좌뇌와 우뇌가 함께 처리하는 일도 있지만 어떤 경우에는 뇌의 선호도에 따라 좌뇌 또는 우뇌가 기능을 도맡아 처리하기도 합니다. 특히 친구관계, 분위기, 감정 등 사회성과 깊은 연관이 있는 능력들은 우뇌에 집중되어 있습니다.

이 아이의 경우에는 사회성이 부족한 경우입니다. 사회성 부족이란 한 개인이 다른 사람이나 주변 환경과 관계를 맺어 발달하는 능력으로 타인과 친밀한 관계를 맺고 상황에 적합한 행동을 하는 능력을 말합니다. 이렇게 사회성이 부족한 아이들의 증상은 감정 기복이 심하고 대화와 전혀 상관없는 말을 하게 되며 유치원이나 학교 가기 싫다는 말을 자주 합니다. 또한 매사에 수줍음이 있고 자신감이 부족하며 또래 집단과 어울리지 못해 겉도는 모습을 보입니다. 그리고 눈치가 없어 어른들에게 꾸중을 자주 듣는 경향을 보입니다. 이로 인해 다른 사람들과 어울리기 어렵고 그로 인해 따돌림, 무시, 자신감 저하 등의 증상들이 나타날 수 있습니다.

Solution - 엄마! 도와주세요.

하나, 자기표현을 충분히 할 수 있도록 도와주세요.

부모가 아이에게 잔소리를 많이 하거나 윽박지르거나 또는 강압적인 지시를 하면 아이들은 위축되게 됩니다. 이렇게 아이들의 행동을 통제할수록 아이는 자신감이 부족하고 자기주장을 잘 못하기 때문에 친구관계에서도 자신감이 부족하게 되고 소극적인 아이가 됩니다. 부모는 늘 아이의 생각을 존중해 주고 작은 결정을 인정해주어 자기표현을 충분히 할 수 있도록 도와주어야 합니다.

둘, 어울릴 수 있는 환경을 만들어주세요.

아이들이 친밀감을 갖도록 주변 환경을 만들어 주는 것이 중요합니다. 예를 들어 아이들이 많이 모이는 놀이터, 어린이집, 유치원 등에 자주 데리고 가서 아이들과 친밀감을 갖도록 도와주거나 또래 아이와 사귈 수 있도록 엄마가 친밀감을 조성해줍니다. 주변의 친구들과 전화도 하고 집에 와서 함께 놀 수 있는 기회도 만들어주면 효과적입니다.

셋, 아이의 행동에 대한 지나친 간섭을 하지마세요.

부모가 아이의 생활에 지나치게 간섭하지 않도록 해야 합니다. 특히 과잉보호를 할 경우에는 아이는 스스로 하고자 하는 의욕을 상실하게 됩니다. 모든 일을 부모가 지시하고 아이는 수동적으로 행동하게 되면 아이는 자율적인 판단능력이 뒤떨어져 친구들과의 관계에서도 부모의 도움이 없이는 스스로 좋은 관계를 만들어 가지 못하게 됩니다. 이런 과잉보호와 간섭은 연령이 올라갈수록 학습적으로 자기주도력을 떨어뜨리는 원인이 되기 때문에 주의를 해야 합니다.

넷, 칭찬과 격려로 자신감을 심어주세요.

윽박지르는 것을 기죽인다고 말합니다. 아이를 윽박지르면 눈에서 나오는 빛 즉, 기가 죽게 되기 때문에 절대 윽박지르지 말아야 하며 칭찬을 통해 자신감을 심어주는 것이 중요합니다. 부모의 칭찬을 통해서 아이가 더 큰 만족과 동기를 얻게 된다면 아이는 부모의 바람대로 서서히 행동을 수정해 나갈 수 있습니다.

뿔났어요?　20. 동생과 틈만 나면 싸우고 난리에요.

남자아이를 둔 엄마입니다. 아이가 예전부터 5살짜리 동생과 싸우기 시작하더니 요새 부쩍 심해졌어요. 동생 물건을 뺏고 때리지를 않나, 며칠 전에는 험한 말을 쓰는 걸 보고 너무 놀라 혼도 내고 타이르기도 했습니다. 하지만 별로 나아지는 기미가 보이지 않아요. 어떻게 해야 할지 걱정이에요. 너무 부족한 엄마인 것 같아 마음이 아파요.

왜! 뿔이 났을까? - 엄마! 마음을 알아주세요.

미국의 게젤 아동발달연구소의 연구결과에 따르면 아이들은 같은 성별이거나 나이 차이가 적을 때 갈등이 많은데, 만 2~4세 아이들은 형제끼리 10분에 한 번꼴로 싸우고, 만 5~10세는 1시간에 3.5회 충돌을 일으킨다고 합니다. 형제자매가 있는 집에 가보면 아이들의 나이가 어릴수록 화나는 것을 잘 참지 못하고 양보도 잘 하지 못하므로 더 자주 다투게 됩니다. 이는 부모에게 인정받고 싶어 하거나 스스로 자신의 정체성을 찾아가는 발달과정으로 보아야 합니다.

부모로서는 피곤하고 짜증이 날 수 있는 상황이지만 잘만 활용한다면 아이들에게 서로 나누고 타협하는 방법을 가르칠 수 있는 더없이 좋은 기회가 되기도 합니다. 그러나 훈육 시에 조심하여야 할 것은 부모가 형 또는 동생에게 일방적으로 양보하라고 하거나 한 아이의 편을 들어주게 되면 양보해야만 하는 아이 입장에서는 차별 대우를 받는다고 느끼고 불만을 갖게 됩니다. 또 아이들이 싸우지 못하게 한다고 윽박지르거나 부모가 화를 내면서 아이들을 때리는 경우도 있는데 이렇게 하면 아이들에게 자신의 의사를 관철시키기 위해서는 화를 내거나 폭력을 사용해도 좋다는 것을 가르치는 결과를 낳게 되므로 주의해야 합니다.

Solution - 엄마! 도와주세요.

하나, 형제가 싸울 때 부모가 해서는 안 되는 말이 있어요.

형제간에 잘못에 대한 시시비비를 가리기 위해 "누가 먼저 그랬어?", "너희들 둘 다 맞아볼래?", "넌 왜 형한테 대들어?", "형이 참아야지", "서로 화해해" 등과 같은 말은 절대 도움이 되지 않습니다. 이런 경우 형제간에 서로 책임을 미루게 되며, 서열에 의한 규제나 진심어린 화해가 아니면 또 다른 싸움의 불씨가 됩니다.

둘, 분리된 입장에서 한 명씩 입장을 들어주고 공감해주세요.

싸움을 할 때 심해지기 전에 큰 소리로 단호하게 싸움을 중단시킵니다. 그런 후 분리된 입장에서 한 명씩 이야기를 들어줍니다. 아이들이 각각 그럴만한 이유가 있으므로 부모는 대화를 하면서 아이의 마음을 진정시켜주고 공감을 해주어야 합니다. 그러나 대화 도중 질책이나 섣부른 결정을 해서는 안 됩니다. "이 싸움은 엄마와는 아무런 상관이 없구나, 엄마는 너희들이 잘 해결할 수 있다고 믿는다." 라고 중립적 입장을 취한다면 처음에는 어색해하다가 점차 적응해 갈 수 있습니다. 즉, 문제 해결을 스스로 해야 한다는 것을 깨닫고 조금씩 양보해 타협점을 찾게 해주어야 합니다.

셋, 공감한 후에는 지켜보고 기다려주세요.

아이들과 충분히 대화를 나누었다면 다시 한자리에 아이들을 불러 같이 있게 합니다. 아이들은 서로 어색할 수 있으나 부모는 절대 개입하지 않고 지켜만 봅니다. 두 아이 모두 엄마에게 자신의 입장을 이야기했기 때문에 마음이 편안한 상태라 "형 미안해, 잘못했어" 라는 말 없이도 잘 어울리게 됩니다. 아이들은 싸우면서 크기 때문에 싸움도 생활의 일부로 받아들이는 것이 중요합니다. 또한 싸움은 아이들이 다투고 문제를 해결하려 애쓰고 화해하는 과정을 통해 성숙해진다는 의미이므로 긍정적으로 받아들여야 합니다.

뿔났어요? 21. 핸드폰을 손에서 놓지 않아요.

7세 엄마입니다. 아이에게 어릴 때부터 이 닦기, 배변 훈련 등에 좋다고 하는 교육용 DVD를 하루에 한 편씩 보여줬습니다. 그랬더니 요즘에는 아빠 핸드폰을 손에서 놓지 않으려고 해요. 말려도 달라고 떼를 써요. 아침마다 핸드폰으로 게임을 하겠다고 떼를 쓰는 통에 매일매일 전쟁입니다.

왜! 뿔이 났을까? - 엄마! 마음을 알아주세요.

요즘 아이들 중 스마트폰이나 미니 게임기를 하나씩 가지고 있지 않은 아이가 없습니다. 게임은 적당이란 단어를 붙이기가 여간 어려운 것이 아니지요. 자기 스스로 적당히 알아서 시간을 정해놓고 매일 꼭 그 시간만큼만 하는 아이들이 과연 얼마나 되는가 생각해 보아야 합니다. 게임은 하면 할수록 더 어려운 게임을 하게 되고, 게임 시간도 늘어나게 됩니다. 결국 스크린증후군 증세가 나타나고 나서 문제점을 알게 되지요.

아이들은 스크린(스마트폰, DVD, 컴퓨터, TV, 게임기) 화면의 강력한 시각적 자극을 처음에는 매우 신기하게 여기면서 보다가 점차 빠져들게 됩니다. 그 결과 아이의 상대가 엄마와의 놀이나 대화 대신 스크린 화면이 될 때 아동 발달에 상당한 문제가 생기게 된다는 점은 이미 잘 알려진 사실입니다. 특히 사회성과 언어 발달 면에서 부정적인 영향을 미칠 수 있습니다.

스크린 중독 상태의 아이는 종이책을 보거나 읽을 때는 잘 집중하지 못해서 다른 짓을 하는데, 신기하게도 스크린을 볼 때는 놀라운 집중력을 발휘합니다. 하지만 바로 이 점이 심각한 문제입니다. 왜냐하면 스마트폰, 컴퓨터, TV, 오락기, DVD 등 현란한 시청각적 자극이 주어지지 않는 상태에서 아이의 뇌는 제대로 작동하지 않기 때문입니다.

Solution - 엄마! 도와주세요.

하나, 스크린에 노출되어 있다면 과감하게 끊어주세요.

현재 아이가 스마트폰을 못 하는 상황에서 지나치게 떼를 쓴다는 점으로 미루어볼 때 '금단현상' 이 의심됩니다. 이러한 금단현상은 중독을 의심할 수 있는 근거로 볼 수 있습니다. 따라서 아예 집에서 스크린을 없애야 합니다.

아이에게 눈앞에 보이는 스마트폰 게임을 못하게 하는 것보다 아예 사라지게 해주는 것이 더 낫기 때문입니다. 처음에는 격렬하게 반응하면서 스마트폰을 찾겠지만, 시간이 점차 흐르면서 현실을 받아들일 것입니다.

둘, 예전보다 더 많은 관심과 사랑을 보여주세요.

예전보다 더 많은 관심과 사랑을 보여주세요. 그러면서 아이와의 대화 혹은 놀이 시간을 늘려 주어야 합니다. 아이가 스크린 대신에 부모님과 함께 지내는 시간을 더 즐겁게 여긴다면, 아이는 더 이상 스크린을 찾을 필요가 없기 때문입니다.

셋, 밖으로 나가서 운동과 같은 활동적인 훈련을 해보세요.

집에 있는 시간을 줄여주고, 밖에서 운동 같은 활동적인 훈련을 통해 스크린을 스스로 극복하도록 도와줍니다. 축구, 농구 등 공을 가지고 하는 운동이나 배드민턴, 인라인스케이트, 자전거와 같은 운동이 효과적입니다.

뉴욕 타임스 기사를 빌리면~
실리콘밸리의 IT기업 자녀들의 가정이나 학교에서는 컴퓨터를 없애고 뇌 발달이 거의 끝나는 중학교 정도 되어서 서서히 컴퓨터 수업을 하기 시작한다고 합니다. 세계적인 컴퓨터 메카에서~ 왜! 이렇게 수업을 하는지 고민해 볼 필요가 있습니다.

뿔났어요? 22. 산만해서 걱정이에요.

6세 남자아이 맘입니다. 우리 아이는 집에서 가만히 있지 못하고 정신없이 돌아다녀요. 또 놀 때도 장난감을 여기저기 늘어놓고 이것저것 가지고 놀면서 끊임없이 다른 놀이에 정신을 팔아서 걱정이 너무 돼요. 집중하지 못하는 이유가 산만한 것 때문에 그런 건가요?

왜! 뿔이 났을까? - 엄마! 마음을 알아주세요.

산만한 아이들은 우뇌의 지각속도력이 높고, 협응력이 낮은 아이들에게서 많이 나타나는 현상입니다. 바로 부모들이 많이 걱정하는 문제 중 하나가 산만입니다. 아이들이 산만한 원인은 부모가 산만한 경우, 선천적으로 기질이 약해 주의집중을 잘 못하는 경우, 눈만 뜨면 나가서 오래 놀다 오는 경우, 가정환경이 안정적이지 못한 경우, 부모의 양육 방법에서 아이의 행동에 따른 결과를 확인해주지 않는 경우에 많이 나타납니다. 어릴 때는 가만히 있지 않고 부산하다고 생각되었지만 어린이집이나 유치원에 들어가면서부터 문제가 되는 것이 바로 산만한 증상입니다. 산만한 아이는 단체 생활을 하는 원 활동에서 끊임없이 선생님에게 지적을 받게 되고 가정에서는 부모에게 잦은 잔소리를 듣게 되어 정서불안정으로 이어지는 경우가 많습니다. 더욱이 연령이 올라갈수록 산만함은 집중력을 떨어뜨리게 되어 좌뇌의 학습 영역에 영향을 주게 됩니다. 다시 말해 산만함은 공부에 적이 됩니다.

Solution - 엄마! 도와주세요.

하나, 환경을 조용하고 차분하게 만들어주세요.

산만한 아이들은 환경이 산만하면 더 집중을 못하므로 집에서는 조용하고 정리된 환경을 만들어주고 아이의 일상을 규칙적으로 돌아가게 해서 말썽이나 산만함을 일으킬 소지를 줄여주어야 합니다. 또한 아이가 집중을 잘하는 시간을 확인하여 그 시간에 과제를 하도록 하고, 생활 계획을 짜서 매일매일의 일상이 규칙적으로 돌아가게 해주면 많은 도움이 됩니다. 저녁 식사 후에는 독서, 목욕 등 차분한 활동을 하도록 해주고 TV 시청 시간을 제한해 줍니다. 사람이 많은 곳을 피하고 장난감 수를 줄이며 밥 먹을 때와 공부할 때에는 TV를 끄고 집중할 수 있는 환경을 만들어 주어야 합니다.

둘, 규칙적인 운동을 할 수 있도록 도와주세요.

산만한 아이들은 대개 에너지가 넘쳐 납니다. 그 에너지를 분출하지 못하면 집안에서 이리저리 뛰어다니며 말썽을 피우게 됩니다. 그러므로 밖에서 실컷 뛰어놀거나 운동을 할 수 있는 기회를 자주 만들어 주되 아이가 즐겁게 규칙적으로 운동을 할 수 있도록 도와주세요. 규칙적인 운동은 건강뿐 아니라 뇌 발달에도 많은 도움을 줍니다. 하지만 운동이 건강에 좋다고 해서 하기 싫은 운동을 억지로 시키면 건강에는 도움을 줄 수 있을지 모르지만 억지로 시킨 운동으로 인해 좋지 않은 호르몬이 뇌 발달에 장애를 줄 수도 있습니다.

셋, 협응력 훈련을 하여 집중력을 키워주세요.

스마트폰, 게임기, 오락기, 컴퓨터, TV 시청과 같이 강렬한 시각을 요구하는 빠른 화면을 보는 것은 집중력 향상에 방해가 됩니다. 한 번에 한 가지 놀이나 학습을 하도록 도와주세요. 예를 들어 책을 읽을 때는 책에만 집중하도록 해주고, 블록 쌓기 놀이를 할 때도 다른 장난감은 멀리하도록 해주세요. 차분히 앉아서 꼼꼼하게 할 때 주의력과 집중력이 좋아져 산만함을 줄일 수 있습니다. 점선 연결하기, 왼손으로 색칠하기, 숨은 그림 찾기, 반듯하게 글쓰기, 실 꿰기, 고리 끼우기, 낚시놀이 등의 놀이가 산만함을 줄여주고 아이의 집중력과 관찰력이 좋아지는 놀이입니다.

뿔났어요? 23. 늘 맞고 들어와서 속상해요.

우리 아이는 6세 남아입니다. 맞고 오는 아이고 때리는 아이는 같은 반 아이예요. 같은 반 아이가 우리 아이를 볼 때마다 밀고 또 밀고 장난감 뺏었다 안 주고 그래서 늘 울고 들어와요. 아이를 볼 때마다 너무 맘이 아파요.

왜! 뿔이 났을까? - 엄마! 마음을 알아주세요.

이런 유형의 아이들은 우뇌의 협응력과 지각속도력이 낮고, 좌뇌의 언어사고력까지 낮은 아이들에게서는 더욱 심하게 나타납니다. 맞는 아이들의 마음이 여리고 소심한 성격인 경우, 부모가 윽박지르며 키워서 기가 죽은 경우, 형제 관계에서 눌려 있거나 눈빛이 약해 친구들을 이끌지 못해 스트레스가 많은 경우, 낯선 상황에 대한 두려움과 미숙한 대처능력으로 인해 나타납니다. 또한 신체적으로 약하거나 사회성이 부족해 자신의 의사를 잘 표현하지 못할 때, 형제나 주변 또래들과의 비교로 부당한 대우를 받아왔을 때, 조급한 성격의 부모로 인해 열등감을 가지고 있을 때에도 나타납니다.

가정에서 아이가 자신감을 가질 수 있도록 배려 받지 못하고 주눅이 들어 살던 것이 바깥에 나가서도 그대로 반복이 되는 것입니다. 늘 맞는 아이는 또래 아이들과의 놀이에서 소외되기 쉽고 자존감이 떨어지고 열등감이 생겨 앞으로의 성장에 장애가 될 수 있으며 심한 경우 자신에 대한 불신으로 콤플렉스가 되기도 합니다.

Solution - 엄마! 도와주세요.

하나, 자신감을 갖도록 눈빛 훈련을 시켜주세요.

미국의 사회학자 앨버트 메르비안은 '사람이 말을 할 때 눈의 메시지가 차지하는 비중은 35% 정도 된다.'고 이야기합니다. 아이들은 눈빛이 약한 경우 친구들에게 자신감 있게 자기주장을 이야기하지 못합니다. 그렇기 때문에 사람들 앞에서 말을 할 수 있는 습관과 상대방과 시선을 맞추고 말하는 훈련을 시켜야 합니다. 이러한 태도를 어려서부터 고쳐주지 않는다면 습관으로 굳어져 성인이 된 후에도 고치기가 어렵습니다. 눈을 바라보며 이야기하는 습관, 눈을 보고 앞에서 책을 읽어주는 습관을 길러주어야 합니다.

둘, 윽박지름이나 잔소리보다는 구체적인 칭찬과 격려를 해주세요.

아이가 친구에게 맞고 들어오는 일이 반복되었을 때 윽박지르거나 잔소리를 하면 아이는 더 기가 죽게 됩니다. 그보다는 적극적으로 나서서 아이가 마음이 다치지 않도록 배려하고 보호하는 자세가 필요합니다. 가정에서는 칭찬을 통해 자신감을 심어주고, 가정에서 심어준 자신감을 바탕으로 훈련해야 합니다. 열등감을 극복하고 스스로 문제를 해결하려고 했을 때는 적극적으로 도와주어 자신감을 갖도록 해주세요.

셋, 분명하게 의사를 표현하게 해주세요.

속상하다고 해서 "너도 맞지만 말고 때려." 라는 식의 말은 아무런 도움이 되지 않습니다. 아이에게 누군가가 때리려고 하면 어떻게 해야 할지 방법을 알려주는 게 더 중요합니다. 예를 들면 "안 돼! 때리지 마! 아프단 말이야." 라고 명확하게 말할 수 있도록 훈련시켜주세요. 그래도 고쳐지지 않는다면 선생님이나 상대방 아이의 부모에게 도움을 구하고, 폭력적이지 않은 아이들과 어울려 놀도록 친구를 찾아서 맺어주는 것도 효과적입니다.

뿔났어요?   24. 편식을 하고 밥을 잘 먹지 않아요.

6세 남자아이입니다. 우리 아이는 밥을 먹일 때마다 너무 힘들어요. 저는 골고루 먹이기 바쁘고 아이는 좋아하는 것만 골라 먹으려고 해요. 그러다 보니 밥 먹는 시간이 점점 늘어나요. 어떻게 해야 하나요?

왜! 뿔이 났을까? - 엄마! 마음을 알아주세요.

아이들이 편식을 하거나 밥을 잘 먹지 않으면 부모는 걱정을 하게 됩니다. 이런 아이들을 보면 엄마가 숟가락을 들고 따라다니며 먹이거나 하루 종일 주전부리 등을 입에 달고 사는 경우가 대부분입니다. 아이들은 생후 6개월 정도면 엄마 젖이 아닌 다른 음식을 먹는 연습을 시작합니다. 우리는 이 시기를 이유기라 부르며 이때 먹는 음식을 이유식이라고 말합니다. 이유식의 가장 중요한 목적은 엄마 젖이 아닌 다른 음식과 문제없이 친해지고, 하루 세 끼 식사에 적응할 수 있도록 하는 데 있습니다.

세 살 무렵이 되면 좋아하는 음식과 싫어하는 음식이 생기게 됩니다. 평소에 아무거나 잘 먹던 아이가 갑작스럽게 편식 행동을 보일 때는 심리적 원인이 바탕에 깔려 있을 수도 있습니다.

동생이 태어났을 때나 부모가 사랑을 보이지 않을 때 또는 편애할 때 부모의 관심을 끌기 위해 편식 행동이 나타날 수 있습니다. 이때 주의할 것은 강압적으로 먹으라고 하거나 따라다니면서 입에 음식을 넣어주면 오히려 아이들이 먹는 것을 가지고 부모와 협상하면서 이용하게 되고 식사 습관이 나빠지므로 장기적으로는 득보다 실이 많아집니다.

Solution - 엄마! 도와주세요.

하나, 화내지 말고 먹을 때까지 기다려주세요.

연구에 따르면 아이들은 잘 먹지 않는 것 같아도 장기적으로 볼 때 자신에게 필요한 양의 영양소를 균형 있게 섭취한다고 하니 크게 걱정하지 않아도 됩니다. 아이의 식습관을 고치려면 따라다니면서 먹이지 말아야 하며 당장은 보기에 안쓰러워도 정해진 식사 시간 이외에는 밥은 물론 간식도 주지 말아야 합니다. 또한 먹어보라는 권유는 2~3번 정도만 하고, 이때 "지금 밥을 먹지 않으면 밥을 먹을 수 없어. 엄마는 간식도 주지 않을 거야."라고 설명한 후 30분 정도가 지나도 식사를 하지 않으면 아이가 밥을 먹지 않았더라도 상을 치우도록 합니다.

둘, 아이의 음식선호도에 따라 식단을 준비해주세요.

　아이의 반찬을 준비할 때 좋아하는 반찬의 양과 싫어하지만 먹여야 되는 반찬의 양을 조절해서 준비를 합니다. 예를 들어 아이가 평소에 좋아하는 반찬은 아이의 양대로 담아 주지만 싫어하지만 꼭 먹어야 하는 반찬은 한 젓가락 정도만 담아서 아이가 좋아하지 않는 음식을 먹는 것이 부담이 되지 않게 해줍니다. 이때 부모는 아이가 싫어하는 반찬을 먹으면 늘 구체적으로 칭찬을 해주세요. 그리고 싫어하는 음식의 양을 점차 조금씩 늘려가세요. 아이가 싫어하는 반찬을 안 보이게 조리하는 것도 한 방법입니다.

셋, 아이가 음식에 흥미를 갖도록 도와주세요.

　아이와 함께 맛있는 음식에 대한 이야기와 건강에 좋은 음식에 대해서 이야기를 나누고 함께 음식을 만들어 보면 시간은 더 걸리겠지만 아이는 호기심을 갖게 됩니다. 또한 아이가 좋아하는 음식을 창조적으로 만들어 주는 것도 좋습니다. 예를 들어 예쁜 그림이 그려져 있는 그릇을 사용하고 음식을 그릇에 담을 때도 아이가 흥미를 끌도록 별 모양이나 동물 형상을 만들어 보세요. 또한 그 모양에 맞춰 음식 이름도 아이와 함께 지어보도록 하여 음식에 호기심을 갖도록 해보세요.

뿔났어요? 25. 아이가 느리고 운동을 싫어해요.

6세 된 남자아이의 엄마입니다. 우리 아이는 너무 둔하고 느려서 걱정입니다. 또래 아이들과 어울리기를 싫어해서 운동을 시켜보려고 했지만 운동도 좋아하는 것 같지 않아요. 성격이 느린 것도 문제가 될까요? 좀 크면 나아질까요?

왜! 뿔이 났을까? - 엄마! 마음을 알아주세요.

만 3세 전후가 되면 아이들은 친구를 찾게 되고 친구와 어울리고 노는 것을 좋아합니다. 운동성이 떨어진다는 것은 상황 변화에 대한 빠른 인지능력, 적응능력, 변별의 속도, 감각인지속도, 적응속도가 약해 민첩성, 순발력, 조정력, 균형감각 등을 떨어뜨리는 요인이 됩니다. 이런 경우 아이들은 공격적으로 보이는 아이들을 무섭다고 느끼게 되고, 이런 공격성을 갖은 아이들이 같이 운동을 하자고 하거나 때리려고 하거나 놀자고 다가오는 경우 심리적으로 위축되어 적절히 반응하지 못합니다. 그렇기 때문에 운동이나 놀이를 싫어하게 되는 것이지요.

또한 심리적인 문제로 아이들은 느린 경향을 보이고 운동을 싫어하기도 합니다. 인지 발달은 정상적인데 운동 발달만 조금 늦는 경우입니다. 다시 말해 아이가 운동 발달 이외의 영역에 흥미를 가지고 있는 경우입니다. 인지 발달이 정상 범위에 속하면서 운동 발달만 늦는 경우의 아이들은 성품은 조용하고 언어 사고력을 요하는 손으로 조작하는 놀이를 좋아할 가능성이 높습니다.

Solution - 엄마! 도와주세요.

하나, 아이의 두뇌 발달에 맞는 운동을 찾아주세요.

아이와 함께 운동을 해보고 그중에서 아이가 가장 흥미로워하고 재미있어하는 것을 하도록 도와주세요. 유아기에는 다양한 놀이가 필요하지만 운동이건 음악이건 미술이건 아이가 싫어하는 경우에는 뇌 발달 증진에 도움이 되지 않습니다. 만약 열심히 했음에도 진전이 안 되거나 운동을 계속하고 싶어 하지 않는다면 강제로 시키지 않아야 합니다. 아이가 좋아하는 놀이를 할 수 있도록 도와주는 것이 유아기 뇌 발달을 도와주는 것입니다.

둘, 행동이 느린 아이들은 불규칙 운동을 시켜주세요.

불규칙 운동은 일정한 규칙성이 없는 운동입니다. 축구, 배구, 농구와 같이 공을 가지고 하는 운동을 말하며, 수영, 배드민턴, 인라인스케이트, 자전거와 같은 운동은 민첩성, 순발력, 조정력, 균형감각을 키워주는 운동으로 효과적입니다. 집에서는 훌라후프, 풍선 치기, 바둑알 수 세기, 정확하게 계산하기, 청기백기 게임 등을 하면서 아이가 놀이로 재미있게 받아들이도록 도와주세요. 불규칙 운동은 하루에 한 시간씩 꾸준히 할 수 있도록 해야 합니다.

셋, 친구들과 어울려 함께 하도록 도와주세요.

아이가 엄마, 아빠 또는 친구들과 함께 운동이나 활동에 참여하는 것은 신체적인 발달뿐만 아니라 부모와 좋은 관계 형성을 할 수 있는 계기가 되고, 새로운 친구를 사귀는 과정도 되기 때문에 아이는 자존감과 자신감을 갖게 됩니다. 아이와 함께 뛰고, 다른 아이들과도 잘 어울릴 수 있도록 옆에서 직접 도와주고, 새로 배운 것이나 운동하며 함께 경험하였던 것들에 대해 이야기를 나눈다면 정말 좋은 시간이 될 것입니다. 단, 아이가 부담을 느끼지 않고 흥미나 재미를 느끼는 활동을 선택해서 할 수 있도록 도와주는 것이 중요합니다.

또한 동시에 여러 운동이나 활동에 참여하는 것은 아이가 신체적으로 피곤하게 되고, 심리적으로 스트레스를 받아 흥미를 잃을 수 있습니다. 가능하면 한 번에 한 가지 활동에 집중해서 하는 것이 흥미를 유지하고 또한 아이의 재능을 키우는 방법이 됩니다.

뿔났어요? 26. 아빠가 육아에 꼭 참여해야 하는 이유

아빠랑 친한 아이들일수록 사회성 좋다고 합니다. 특히, 딸들은 아빠와 친할수록 더 큰 인물로 자란다고 하는데 아빠가 육아에 참여하는 것이 도움이 되나요?

왜! 뿔이 났을까? - 아빠! 마음을 알아주세요.

TV에서 "아빠! 어디가", "슈퍼맨이 돌아왔다"와 같이 아빠가 육아에 참여하고 아이와 시간을 보내는 프로그램들이 많이 방영 되면서 아빠와 육아에 대한 인기와 관심이 많아졌습니다. 아빠는 아이들이 힘들고 어려운 일이 생겼을 때 해결 방안을 함께 고민하고 제시해주는 상담자이자 해결사 역할을 해야 합니다. 그러나 아이와 친밀감이 형성되어 있지 않다면 갑자기 아이의 고민을 상담해주고 해결해주기란 힘들 것입니다.

13세 이전에 아이와 친밀한 관계를 만들고 유지하는 충분한 시간이 필요합니다. 아빠의 역할이 자녀의 자존감에 큰 영향을 미친다는 사실은 그동안 다양한 연구를 통해 입증되어 왔습니다. 1958년 영국의 뉴캐슬 대학에서 그 해 태어난 남녀 아기 11,000여 명을 조사한 결과, 어린 시절 아빠와 독서나 여행 등을 하며 가치 있는 시간을 보낸 아이들이 그렇지 않은 아이들보다 지능 지수가 높고 사회적으로도 높은 위치에 있도록 성장하였다는 결과가 있습니다. 또한 미국 노스캐롤라이나 대학교 연구진이 2세 아이를 둔 맞벌이 부부를 대상으로 진행한 연구 결과에서는 아이와 놀 때 다양한 언어를 사용하는 아빠를 둔 아이들이 3세 때 언어 능력이 훨씬 발달했다는 결과도 있습니다. 그러나 우울한 아빠를 둔 아이들은 또래보다 사용하는 단어 수가 적었답니다.

Solution - 아빠! 도와주세요.

하나, 적극적으로 양육에 참여해주세요.

미국의 발달심리학자 칼 데라는 아빠가 양육에 많이 참여할수록 아이의 자존감이 높아진다는 사실을 발표했습니다. 또한 아빠가 아이에게 기저귀를 갈아주고, 옷을 입혀주고, 먹을 것을 챙겨주는 아이는 자존감과 애정 친밀도가 높아진다고 강조했습니다. 그는 적극적으로 양육에 참여하는 아빠를 둔 아이들의 행동 유형을 조사한 결과 다음과 같은 공통점이 있음을 밝혀냈습니다.

- 사람들과 쉽게 어울리며 잘 웃는다.

- 처음 만난 사람과도 쉽게 이야기를 나눈다.

- 아빠가 장난을 치면 금세 반응하며 웃는다.

- 장난감을 가지고 놀면서 짜증을 내는 일이 거의 없다.

- 아빠가 '안 돼'라고 말하면 행동을 바로 멈춘다.

- 새로운 놀이를 시도하는 걸 즐긴다.

- 아빠에게 지나친 요구를 하거나 참을성 없는 모습을 보이지 않는다.

- 아이에게 무엇을 가져다 달라고 부탁하면 선뜻 들어준다.

- 아이를 데리러 가면 아빠에게 안기며 반긴다.

- 일부러 아빠의 관심을 끌려고 애쓰지 않는다.

- 자신에게 시선이 집중되어도 개의치 않는다.

- 아빠에게 쉽게 화내지 않는다.

- 아빠로부터 원하는 것을 얻기 위해 울거나 떼쓰지 않는다.

- 엄마와도 친밀한 애착관계를 형성하고 있다.

아빠들에게 육아란 꽤 큰 용기와 지혜가 필요한 것이지만 아빠가 육아에서 멀어지게 된다면 하루 종일 아이와 놀아주느라 지친 엄마가 더욱 힘이 들 것입니다. 게다가 아이에게도 아빠의 육아가 미치는 영향이 크기 때문에 아빠가 반드시 도와주어야 합니다.

뿔났어요? 27. 자존감에 큰 영향을 미치는 '아빠 효과'

아빠와의 관계가 아이에게 두뇌, 신체, 정서 면에서 도움이 된다고 하는데 우리 아이 아빠는 거의 모든 아빠들이 그렇듯이 일하고, TV 보고, 핸드폰으로 시간을 보내는 게 대부분이예요. 육아에 참여할 수 있도록 도와주세요.

왜! 뿔이 났을까? - 아빠! 마음을 알아주세요.

자녀가 사회적인 성공과 행복한 가정 모두를 이루어내는 어른으로 자라길 바란다면 아이의 인생을 바꿔놓을 수 있는 열쇠인 '아빠 효과'를 실천해보세요. '아빠 효과'란 아빠가 아이의 양육에 적극적으로 참여했을 때가 그렇지 않은 경우보다 아이가 학업성취를 비롯해 다양한 부분에서 두각을 나타내는 것을 말합니다. 아빠 효과는 영국의 국립아동발달연구소에서 30여 년에 걸쳐 7세, 11세, 16세의 아동 및 청소년 17,000명을 대상으로 한 조사 자료를 옥스퍼드 대학이 분석하는 과정에서 처음 등장했습니다. 분석 결과에 따르면 사회적으로 자신의 능력을 발휘하고 행복한 가정을 꾸린 사람들의 공통점이 '아빠와 교류가 많았다'는 것입니다. 이들은 학창 시절부터 눈에 띄는 학생이었는데, 학업성취도뿐만 아니라 사회성, 인성, 성취 욕구 등에서도 아빠 효과를 톡톡히 경험했습니다.

Solution - 아빠! 도와주세요.

하나, 책을 읽어주는 아빠가 되어주세요.

아빠가 하루 30분씩 아이에게 책을 읽어 주게 되면 책을 읽어 주는 사람이 엄마일 때보다 아빠일 때 집중력이 더 커집니다. 그림책을 읽어 주는 아빠의 나지막하면서 부드러운 목소리는 아이에게 자연스럽게 각인되어 아빠에게 편안함을 느끼고 더 잘 따르게 됩니다. 또한 아이가 상상의 나래를 펴고 창의력을 기르는 데 힘이 되고, 세상을 헤쳐 나갈 용기를 주게 됩니다. 그리고 아빠의 목소리를 통해 책을 읽어 주면 아이의 공부 두뇌를 발달시킬 뿐 아니라 아빠를 존중하는 마음을 만드는 중요한 연결 고리도 됩니다.

둘, 놀아주는 아빠가 되어주세요.

엄마가 책을 읽거나 노래를 부르며 놀아준다면 아빠는 몸을 써서 놀아주는 게 좋습니다. 말을 태워 주고 몸싸움도 하면서 과격하게 놀다가 아이를 울리기도 합니다. 아이에게 주도권을 주기도 하고 빼앗기도 하면서…. 이렇게 노는 동안 아이는 흥분을 느끼게 됩니다. 아이는 어떻게든 아빠를 이기고 싶어서 이런 저런 궁리를 하게 되는데, 이 과정에서 창의력을 기를 수 있습니다. 감정을 통제하는 법도 배우게 되며 특히 아빠와 같이 하는 놀이는 아이가 사회성이나 대인 관계를 배우는 좋은 경험이 됩니다.

셋, 마음의 문을 여는 아빠가 되어주세요.

권위적인 아빠에서 친밀한 아빠로 바뀌려면 가족이 다가오기 전에 아빠가 먼저 가족을 향해 다가가는 '아빠 소문내기' 방법을 사용해 보세요. 아빠 소문내기란 아빠가 스스로 자신의 상태를 가족에게 먼저 알리는 것입니다. 예를 들면 "요즘 아빠가 회사 일로 힘든 게 많아, 아빠가 어떻게 하는 게 좋겠니?", "아빠는 요즘 할아버지가 편찮으셔서 우울해." 등과 같은 이야기로 자신의 고민과 심경을 스스로 공개하는 것입니다. 이렇게 함으로써 서로 마음의 문을 열게 되지요. 아빠가 가족을 향해 자신의 감정을 드러내는 건 가정의 분위기를 부드럽게 하는 데 많은 도움이 됩니다.

뿔났어요? 28. 좋은 아빠가 되기 위한 전략적 방법

우리 애 아빠는 칭찬도 인색하고 아이들에게 살갑게 대해주지 않아요. 그래서 저하고도 말다툼이 잦아요. 아이들과 같이 어울리기도 하고 칭찬도 해주는 자상한 아빠가 되었으면 하는데, 아이들과 어떻게 하면 관계가 좋아질까요?

왜! 뿔이 났을까? - 아빠! 마음을 알아주세요.

아빠의 역할이 자녀의 자존감에 큰 영향을 미친다는 사실은 그동안 다양한 연구를 통해 입증되어 왔습니다. 호주의 한 연구진은 아빠들의 다소 무모하고 과격한 놀이가 아이들의 성장에 큰 도움이 된다는 연구결과를 발표했습니다. 30개월에서 5세 아이들과 놀아주는 아빠들을 대상으로 한 이 연구에 따르면 아빠와 몸을 부대끼는 놀이는 아이들의 신체 발달뿐 아니라, 감정과 생각을 조절하는 능력도 키워준다는 것입니다. 아빠와의 놀이에서 이긴 아이들은 거대한 상대를 물리쳤다는 성취감을 맛보게 되며 이런 감정이 아이들의 자아존중감을 높이는 중요한 수단이 된다는 것입니다. 또한 엄마와 즐겨하는 규칙이 정해진 놀이와 달리 아이들은 아빠와의 규칙 없는 놀이를 통해 예상할 수 없는 상황에서 감정을 통제하는 방법 또한 배우게 됩니다.

대체로 엄마보다 아이와 사이가 먼 아빠들은 엄마가 미처 알아채지 못한 아이의 강점을 의외로 쉽게 발견할 가능성이 높습니다. 또한 아빠는 아이에게 처음부터 가르쳐주는 것이 아니라 스스로 배울 수 있도록 환경을 만들어주고 실마리를 던져주기 때문에 아이에게 동기부여 하는 역할도 맡습니다. 설거지와 빨래 등 가사노동을 분담하는 아빠들이 딸의 장래희망 선택에 큰 영향을 미친다는 연구결과도 있습니다. 또한 가사노동을 분담하는 아버지를 둔 딸의 경우 축구선수, 우주비행사, 지질학자 등 전통적으로 여성의 직업이라 생각되지 않는 직업을 희망했다고 합니다. 좋은 아빠가 되기 위한 6가지 전략적 방법을 소개해 드립니다.

Solution - 아빠! 도와주세요.

하나, 엄마와의 안정적인 좋은 관계를 형성하세요.

부부 사이가 좋지 않으면 부부의 스트레스는 곧바로 아이를 향하기 마련입니다. 또한 아내를 우울하게 하면 아이들은 엄마에게서 충분한 애정과 보살핌을 받지 못해 심리적 상처를 입게 됩니다. 좋은 아빠가 되려면 아이를 중심으로 엄마와 함께 안정적인 삼각관계를 형성해야 합니다.

둘, 아이와 함께 있는 시간에는 최선을 다해 아이와 놀아주세요.

일부 연구자들은 아빠가 아이를 돌보는 횟수보다는 상호작용의 강도가 애착 형성에 더 중요하다고 말합니다. 바빠서 아기와 보낼 수 있는 시간이 적더라도 함께 있는 시간만큼은 아이에게 주의를 기울여 요구를 들어주고 아이를 즐겁게 해주세요.

셋, 아이에게 좋은 역할 모델이 되어주세요.

집안은 물론 바깥에서 아빠가 보이는 태도는 아이들에게 강한 영향을 미칩니다. 아이들은 아빠가 다른 사람들을 어떻게 대하는지를 보고 친구들과 어울리는 방식을 배웁니다. 결국 아빠는 아이에게 있어서 삶의 방식을 결정하는 중요한 요소가 됩니다. 늘 아빠 자신이 아이의 거울과 같다는 사실을 명심하고 좋은 모습을 보여주세요.

넷, 아이가 독립심을 키우도록 격려해주세요.

보통 엄마들은 아이들이 걸음마를 시작해 물건에 손을 대기 시작하면 혹시 다칠까 봐 겁을 내며 제지합니다. 하지만 아빠들은 대견한 눈빛으로 바라봐줍니다. 이런 아빠의 태도는 아이들의 독립심을 길러주는 자양분이 됩니다. 아이가 새로운 도전을 할 때 무엇이든 한번 해보라고 격려해주세요.

다섯, 아이를 칭찬해주세요.

　보통 아빠들은 칭찬에 인색합니다. 하지만 아빠의 칭찬은 엄마의 칭찬보다 아이에게 더 큰 가치와 의미를 부여할 수 있습니다. 엄마의 칭찬은 주관적인 사랑에서 나오기 쉽지만 아빠의 칭찬은 객관적인 근거를 바탕으로 하기 때문입니다. 아이가 칭찬받을 일을 했을 때는 그 자리에서 바로 칭찬해주세요. 아빠에게 칭찬을 많이 받고 자란 아이들은 자신의 능력에 대한 확신과 미래에 대한 비전이 분명합니다.

여섯, 책을 읽어주는 아빠가 되어주세요.

　아빠는 엄마에 비해 아이들과 접촉하는 시간이 짧기 때문에 아이들의 입장에서는 엄마의 목소리보다 아빠의 목소리가 더욱 신선합니다. 아빠가 피곤함을 무릅쓰고 자신을 위해 책을 읽어준다는 사실만으로도 아이들은 사랑받고 있음을 느낄 수 있습니다. 그렇게 때문에 아빠가 책을 읽어주면 아이들의 집중력이 높아지며 엄마가 읽어주는 것보다 두 배 이상의 효과를 낼 수 있습니다.

공부가
뻘났다

뿔났어요? 1. 책을 보고 읽는 것을 싫어해요.

5세 된 여자아이의 엄마입니다. 오빠가 재미있게 읽었던 동화책을 요즘 읽어주고 있는데요. 책을 읽어주면 얼마 지나지 않아 자꾸 딴 생각을 해서 그런지 집중하지 못해서 걱정입니다. 아이가 책과 멀어지는 것 같아 마음이 아파요.

왜! 뿔이 났을까? - 엄마! 마음을 알아주세요.

아이들에게 책을 많이 읽어주면 아이들의 감성이 풍부해지고 글자를 일찍 깨우치는데 도움이 됩니다. 유아기 아이들의 두뇌는 좌뇌보다는 우뇌가 더 발달했기 때문에 아이들은 자기가 좋아하는 그림책은 한번 읽고 마는 것이 아니라 여러 번 읽어도 싫증을 내지 않고 읽는 것을 볼 수 있습니다. 그러나 어떤 책은 싫증을 내고 읽으려 하지 않습니다. 예를 들어 엄마가 온라인 서점에서 구매한 책이나 친척, 형에게 물려받은 책은 잘 읽으려 하지 않습니다. 왜 그럴까요?

온라인에서 선택한 책은 아이의 수준에 맞는 책이 아니라 엄마의 수준에서 선택한 책이기 때문에 아이의 수준에 맞지 않아 아이가 멀리하는 것이며 물려받은 책도 마찬가지입니다. 유아기에는 아이의 뇌 발달에 적합하고 아이가 선호하는 책을 선택해주는 것이 매우 중요합니다.

Solution - 엄마! 도와주세요.

하나, 아이들의 눈높이에 맞는 책을 읽어주세요.

책을 사줄 때에는 아이의 수준을 고려해야 합니다. 책의 한쪽 면에 나오는 5개 정도의 어려운 단어나 어휘를 아이에게 물어보세요. 아이가 3~4개 정도의 단어를 말로 표현할 수 있다면 그 책은 아이 수준에 맞는 책입니다. 그러나 말로 표현하지 못한다면 아이는 이해하기 어렵기 때문에 책을 사주어도 잘 읽으려 하지 않습니다. 유아기에는 아이의 뇌 발달에 적합하고 아이가 선호하는 책을 선택해주는 것이 매우 중요합니다. 그러므로 한 달에 한번 정도 꼭 서점에서 아이와 함께 책을 구매하도록 해보세요.

둘, 창의력과 표현력을 키워주는 책을 읽어주세요.

결과중심적인 닫힌 결말을 가진 그림책보다는 결말이 열려 있고 생각할 수 있는 그림책이 유아의 창의적인 표현력을 높이는 데 도움이 됩니다. 닫힌 결말을 가진 그림책보다 열린 결말의 그림책이 더 많은 호기심 즉, '인지적 흥미'를 유발하기 때문입니다. 또한 책을 읽은 후 창의적인 그림을 표현하는 데에 있어서도 열린 결말의 그림책이 더 효과적입니다. 하지만 열린 결말의 그림책을 보다 잘 활용하기 위해선 부모의 도움이 필요합니다. 열린 결말의 그림책은 등장인물이나 내용에 대한 추론 능력이 상대적으로 떨어질 수 있어 부모가 질문을 통해 아이의 이해를 도와주어야 하기 때문입니다.

셋, 책을 천천히 읽어주고 내용을 그림으로 그려보도록 해보세요.

책을 싫어하는 아이들에게 책을 읽어 줄 때에는 천천히 읽어주세요. 엄마 수준으로 빨리 읽으면 아이의 호기심을 자극하지 못하기 때문에 아이가 생각할 수 있도록 책을 여유 있게 천천히 넘겨가면서 읽어주세요. 그렇다고 너무 천천히 넘기면 아이가 답답해하니 아이의 속도에 맞춰 읽어주세요.

또 하나는 책을 읽어주고 생각하는 내용을 그림으로 그려보도록 하여 재미있게 책을 읽도록 도와주세요. 예를 들어 "토끼와 거북이가 달리기 시합을 하였는데 토끼가 열심히 달려가다 보니 앞에 강이 나타났어요. 아무리 둘러보아도 건널 수 있는 다리도 없고 토끼는 수영도 못해요. 그래서 토끼는 어떻게 했을까요?" 이러한 동화이야기를 들려주고 토끼가 어떻게 했는지를 그림으로 그려보도록 하는 것은 아이를 두뇌계발 훈련에도 효과적입니다.

뿔났어요? 2. 책을 읽고 공부만 하려고 하면 산만해져요.

7세 남자아이를 둔 엄마입니다. 이제 내년이면 초등학교에 들어가야 하는데 책을 읽고 공부하는 데에 전혀 관심이 없어요. 유치원에서 오면 컴퓨터 아니면 만화만 보려고 하고, 유치원에서 뭘 했는지 물어봐도 대답도 없고, 책을 좀 읽자고 해도 전혀 관심이 없네요. 어떻게 도와줘야 우리 아이가 책을 좋아하게 될까요?

왜! 뿔이 났을까? - 엄마! 마음을 알아주세요.

아이들이 책을 읽으려 하지 않고, 공부를 하려고 하지 않을 때에는 우뇌의 심리적인 요인에서 원인을 살펴보아야 합니다. 우뇌의 협응력이 불균형을 보이는 아이들은 집중력이 약해 책을 읽어 주어도 오래도록 흥미를 느끼지 못하고 집중하지 못합니다. 그리고 구성력이 불균형을 보이는 아이들은 스스로 책 읽기를 싫어하는 경향이 보입니다. 또한 일찍부터 만화, 텔레비전, 게임, 핸드폰, 비디오에 길들여진 아이들은 스크린증후군 현상으로 책을 멀리하게 되고 지각속도력에 불균형을 보이는 아이들은 산만함 때문에 책 읽기를 싫어합니다.

그렇기 때문에 우선 아이가 왜 책 읽기를 싫어하는지 원인을 파악하는 것이 중요합니다. 또한, 책의 내용이 너무 어려운 것은 아닌지, 아이가 흥미를 못 느끼는 내용은 아닌지, 책에 글자가 너무 많아서 그런 것은 아닌지 등 원인 파악을 위해 아이의 행동을 관찰하거나 아이와 함께 대화를 해서 원인을 찾아야 합니다.

Solution - 엄마! 도와주세요.

하나, 책을 읽기 전 아이에게 스트레스를 주지 마세요.

책을 읽기 전에 동기를 부여시켜주고 기분을 상하지 않게 해야 합니다. 공부해야 할 시간에 텔레비전만 보고 있다든지, 숙제 할 시간에 머리만 매만지고 있다면 엄마는 당연히 화가 날 것입니다. 큰소리가 나고, 엄마에게 야단맞은 아이도 화가 나긴 마찬가지일 것입니다. 화가 난 아이가 책에 집중할 수 있을까요? 이럴 때 부모의 지혜가 필요합니다. 공부를 하게 하려면 최상의 컨디션을 만들어 주어야 합니다.

둘, 책을 읽거나 공부할 수 있는 분위기를 만들어주세요.

대부분 공부할 때 "방에 들어가 공부해." 라고 아이를 공부방에 밀어 넣습니다. 아이는 방에 들어가면 공부만 하는 것이 아닙니다. 마음은 거실에 있는 엄마와 아빠에게 혹은 텔레비전에 있을 수도 있습니다. 주변의 많은 물건들에 마음을 빼앗길 수도 있습니다. 즉 방이나 책상 정리가 잘 되어 있지 않은 아이들은 집중력이 떨어질 수 있다는 것입니다. 책상 위에 핸드폰, 달력, 거울, 사진, 시계, 인형 등 여러 가지 액세서리 등이 있으면 아이가 공부하다 자기도 모르는 사이에 의지력과 관계없이 이러한 것들에 손이나 생각을 빼앗기게 됩니다.

셋, 학습할 때 집중할 수 있는 좋은 습관을 갖게 해주세요.

대부분의 엄마들은 엎드려서 책을 읽고 숙제 하는 것에 대하여 무관심한 경우가 있는데 반드시 자세는 바르게 앉아서 책을 읽고 공부하는 습관을 길러 주어야 합니다. 공부할 때나 책을 읽을 때는 책상이나 혹은 식탁에 앉아서 허리를 곧게 펴는 자세가 집중력 향상에 도움이 됩니다.

사람의 뇌 무게는 체중의 2% 정도에 불과하지만 산소의 소모량은 20%를 상회한다고 합니다. 또한 산소를 공급하는 것이 혈관이다 보니 반듯한 자세는 두뇌로 통하는 신경 및 혈관을 곧게 펴주어서 혈액의 흐름을 원활하게 해줍니다. 따라서 침대에 눕거나 방바닥에 엎드리거나 소파에 앉아서 공부하는 것은 집중력을 약화시키는 요인이 될 수 있습니다.

뿔났어요?   3. 잠자리에 들 때 책을 읽어주면 좋나요?

6세 아이를 둔 직장맘입니다. 일을 하다 보니 퇴근 후에 유치원에서 아이를 데려와서 먹이고 씻기고 나면 하루가 다 지나갑니다. 아이를 재우기 전에 책을 읽어주는데 듣다가 잠들 때가 많아요. 잠자리에서 책을 읽어주는 것도 도움이 될까요?

왜! 뿔이 났을까? - 엄마! 마음을 알아주세요.

아이는 잠자리에 들고부터 약 30분간은 잠재의식으로 가는 통로가 열려 있는 셈인데, 이때를 이용하여 아이의 잘못된 습관이나 엄마의 바람 등을 같이 이야기해주면 커다란 효과를 볼 수 있기 때문에 책은 잠자기 전에 읽어 주는 것이 좋습니다. 그래서 유대인의 엄마들이 가장 중하게 여기는 시간은 아이를 침대에 누이고 그 곁에서 아이가 잠들 때까지 함께 있는 그 짧은 순간이라고 합니다.

침대에 누운 아이에게는 곁에 있는 엄마만큼 정서적인 안정감을 주는 존재는 없습니다. 이때에는 하루의 일과를 정리하고 책을 매개체로 편하게 대화를 주고받을 수 있으며 엄마가 너희들을 사랑하고 있다는 말과 재미있는 이야기를 들려줌으로써 책을 좋아하게 만들 수 있는 동기를 부여할 수 있기 때문입니다.

Solution - 엄마! 도와주세요.

하나, 잠자리에 들 때는 인성에 도움이 되는 책을 읽어주세요.

잠자리에 들 때 아이에게 읽어주는 책은 내면의식에 저장이 됩니다. 그래서 머릿속에 각인시켜야 할 책들을 읽어주면 좋습니다. 같은 책을 읽어주어도 잠자리에 들 때 읽어주면 창의성이 발달됩니다. 또 성경책이나 위인전을 읽어주면 좋은 이미지가 생겨 바른 생각과 행동을 하게 됩니다. 그래서 잠자리에 들 때 읽어주는 책은 인성교육에 도움이 되는 책, 창의적 사고력을 요하는 책을 읽어주면 좋습니다.

둘, 아이의 두뇌에 맞는 책을 읽어주세요.

음식을 골고루 먹는 것이 가장 바람직하지만 아이의 상태에 따라서 비만인 아이와 편식이 심한 아이들에게 먹이는 음식의 종류가 달라야 하듯 책도 골고루 읽어 주는 것이 가장 바람직하지만 아이의 두뇌에 더 알맞은 책을 읽어주는 것이 효과적입니다.

좌뇌 중심적인 아이는 논리적인 책보다는 창작동화나 전래동화를 읽어 주는 것이 좋으며 우뇌적인 아이는 창의적인 책보다는 수학동화, 과학동화 같은 논리적인 책을 읽어 주는 것이 바람직합니다.

셋, 기계음보다는 부모의 목소리를 들려주세요.

잠자리에 들 때 아이에게 테이프나 CD 같은 기계 소리로 동화를 들려주는 부모님들을 볼 때마다 참 가슴이 아픕니다. 사람의 언어에는 감정이 실려 있지만 테이프나 CD 같은 기계 소리에는 감정이 없습니다.

어려서 부모가 녹음기를 이용해 많은 이야기를 들려주었다면 이 아이는 머리에 기계 소리가 각인이 되어 있어서 사람 소리를 차분하게 듣지 못하고 기계 소리를 들어야 편안한 아이가 됩니다. 이렇게 기계 소리로 동화를 듣고 자란 아이는 학교에서 수업시간이 길어지면 머리 아파하는 현상이 나타나고 결국 학습부진아가 될 수 있습니다. 동화구연가처럼 멋진 음성은 아니지만 부모의 사랑스러운 감정이 실려 있는 음성으로 책을 읽어주신다면 아이의 정서적인 면에도 크게 도움을 줄 수 있습니다.

뿔났어요? 4. 글자는 언제 가르치는 것이 좋을까요?

요즘 우리 아이가 글자를 가르쳐 주지도 않았는데 글자를 읽으려 하고 자꾸 관심을 보여요. 아이에게 언제부터 글자를 알려주어야 하나요. 한글을 깨치는 것은 빠르면 빠를수록 좋은 건가요?

왜! 뿔이 났을까? - 엄마! 마음을 알아주세요.

지금 우리 아이가 몇 살인가를 보고, 뇌 발달 단계는 어느 시기인가를 정확하게 알아야 합니다. 문법과 철자를 익히는 데 활용되는 좌뇌는 3세 이후 발달하기 시작해서 7세 이후에 본격적으로 발달합니다. 보통 아이들이 6~7세가 되면 한글을 터득하게 되는데 누구나 다 6~7세에 한글을 터득하는 것은 아닙니다. 어떤 아이는 3세에 한글을 읽고 쓰는 언어 영재도 있고, 어느 아이는 초등학교 1학년이 되어서도 한글을 읽고 쓰지 못하는 경우도 있습니다. 언어사고력이 어떻게 발달되었는가에 따라서 한글을 터득하는 시기도 아이들마다 다 다릅니다. 이것은 아이들마다 뇌 발달 단계에 맞게 한글을 가르치는 시기도 달라야 한다는 것을 의미합니다.

Solution - 엄마! 도와주세요.

하나, 글자를 너무 빨리 가르치지 마세요.

너무 일찍 글자 공부를 시작하면, 아이들은 글자를 배우는데 시간도 오래 걸리고, 어렵게 배우기 때문에 아이가 배우는 것 자체를 싫어하게 되고, 이는 뇌의 불균형으로 나타나게 되어 정서적으로 불안정한 아이가 됩니다. 일찍 글자를 익히면 아이는 능동적인 정보처리보다는 수동적인 정보처리에 의존하게 되어 학습에 흥미를 잃어버리는 원인이 되고 학습장애가 생기기도 합니다. 너무 이른 나이에 글자를 익힌 아이들은 글자를 빨리 배우면 장점은 있겠지만 상상력을 펼칠 수 있는 기회를 빼앗길 수 있습니다. 그림책을 보더라도 상상의 나래를 펼칠 수 있는 그림보다는 글자에만 집중하기 때문에 창의력 발달을 저하시키게 되기 때문입니다.

둘, 아이들에게 글자를 가르치는 시기는 아이마다 달라요.

아이에게 글자를 배우게 하는 시기는 다 다릅니다. 그렇다면 아이들의 좌뇌 발달에 따른 글자를 가르치는 적절한 시기는 어떻게 알 수 있을까요? 글자를 배우고 싶어 하는 호기심이 생길 때 가르치는 것이 효과적입니다. 예를 들어 치킨 배달 박스를 보면서 아이가 치킨이라고 읽는 것처럼 쉽게 주변에서 접하는 간판, 상표, 상호 등을 20~30개 정도 읽을 수 있을 때 가르치게 되면 아이는 스트레스를 받지 않고 재미있게 글자를 익힐 수 있습니다.

셋, 글자 배우는 것을 싫어하면 강압적으로 가르치지 마세요.

뇌를 연구하는 학자들은 되도록 글자를 일찍 가르치지 말라고 조언합니다. 뇌 발달과정에 따른 글자를 가르치는 가장 적합한 시기는 7세 이후입니다. 7세 이후가 되면 의사표현이 정확해져서 행동의 원인과 결과를 예측하는 능력이 생기게 됩니다. 또한 좌뇌가 급격하게 활성화되는 7세 이후가 되면 글을 인지하는 좌뇌가 힘을 갖게 되어 아이들은 더 빨리 더 즐겁게 글을 배울 수 있게 되기 때문입니다. 만약 글자를 배우는데 흥미를 보이지 않는 아이라면 강압적으로 글자를 가르치지 말고 초등학교 입학하기 전에 글자를 가르쳐주세요. 이때에는 좌뇌의 인지능력이 발달해서 한두 달만 지나면 글자를 바로 읽게 됩니다.

뿔났어요? 5. 우리 아이는 말이 늦어 걱정이에요.

두 아이의 엄마입니다. 만 4년 4개월 된 아이가 있는데 모든 발달상황은 정상인데 말이 늦은 편입니다. 처음에는 말이 조금 늦어 걱정을 했는데 지금은 다른 또래 아이들보다 어려운 단어 발음은 부정확하고 표현도 약해 너무 걱정이 됩니다.

왜! 뿔이 났을까? - 엄마! 마음을 알아주세요.

요즈음 부모들과 상담을 하다 보면 과거에 비해 말이 늦는 아이들 때문에 걱정하는 부모들이 많습니다. 말이 늦은 아이들이 많은 것은 사회적인 환경의 변화나 부모의 양육 환경이 원인이 되는 경우가 많습니다. 최근 맞벌이하는 부모들이 늘면서 서로 대화하는 시간이 별로 없고 말을 배울 사람도 따로 없다보니 언어가 늦은 아이들을 많이 볼 수 있습니다.

아이들의 언어발달이 가장 활발하게 이루어지는 시기는 만 3세부터 시작하여 만 5세에 이르면 폭발적으로 발달합니다. 그러나 아이들은 뇌 발달에 따라 말을 인지하는 것에 차이가 많습니다. 아이들의 언어지체를 의심해봐야 하는 경우는 24개월이 되어도 엄마, 아빠와 같은 의미 있는 말을 못하거나 만 3세가 되어도 간단한 문장을 구사하지 못하고 말귀를 못 알아들을 경우입니다. 그러나 좌뇌의 씨앗이 만들어지는 만 3세를 지나 갑자기 봇물 터지듯 말이 늘기 시작하는 경우도 적지 않기 때문에 섣불리 판단하지 말고 신중하게 지켜보아야 합니다.

Solution - 엄마! 도와주세요.

하나, 언어발달이 늦은 아이는 많이 들려주세요.

엄마의 부드러운 목소리로 속도가 느려도 중간에 끊지 말고, 또박또박 말을 하면 아이는 엄마의 음성을 들으며 단어를 기억하면서 발음할 수 있는 기초를 닦게 됩니다. 아이 옆에서 부부가 품위 있고 다양한 문장을 구사하면서 많은 이야기를 나누십시오. 아이들이 듣지 않고도 말을 잘 하는 것은 불가능합니다. 아무리 유전적으로 머리가 좋은 아이라도 듣지 않고 말을 잘 할 수 있는 방법은 없습니다. 언어란 아이들이 생각한 것을 표현하는데 가장 중요한 도구입니다. 그리고 언어가 제대로 발달해야 생각하는 사고력도 좋아지고 창의력도 발달하게 됩니다. 이러한 언어를 발달시켜주는 가장 좋은 방법은 아이가 어릴 때부터 어른들의 대화를 많이 듣게 하는 것입니다.

둘, 아이에게 스트레스를 주지말고 정확한 발음으로 말해주세요.

아이들이 자연스레 말을 따라 하는 상황이 아닌, 주위의 강요로 말하는 상황은 피해주세요. 그리고 말을 해야 한다는 압박감을 주기보다는 간단한 말을 했을 때 긍정적 반응을 보여주어 말하는 것이 즐거운 일이라는 인식을 심어주세요. 또한 아이와 말을 할 때는 너무 빠르지 않고 정확한 발음으로 해주세요.

셋, 유아 수준이 아닌 다양하고 풍부한 언어를 사용해주세요.

유아 수준의 언어 사용은 아이의 언어 발달에 큰 도움을 주지 않습니다. 아이의 발음이 부정확해 이해할 수 없는 경우, 무시하고 넘어가기보다 유추해보기, 되묻기 등으로 대화를 만들어 자신이 하는 말의 의미를 알 수 있게 해주세요.

아이가 하려는 말이 무엇인지 알아도 대신 말해주지 말고 스스로 표현해볼 수 있게 도와주세요.

넷, 기계음을 들려주지 마세요.

테이프나 CD 같은 기계 소리로 동화를 들려주지 말고 엄마의 음성으로 직접 들려주세요. 또한 TV, 스마트폰 등 스크린 매체를 지양해주세요. 어른들과 마찬가지로 아이들도 일 방향 매체를 자주 접하는 경우 상호작용과 관련된 발달에 안 좋은 영향을 줄 수 있습니다.

뿔났어요? 6. 말을 자신 있게 못해요.

저희 아이는 5살 되었는데 좀 이상해요. 계속 시무룩하기만 하고 잘 웃지도 않고 말을 자신 있게 못 합니다. 주로 엄마, 아빠, 밥, 물과 같이 한 단어로만 하고 문장으로 된 말을 잘 표현하지 못 합니다. 더욱 저를 속상하게 하는 것은 긴장을 하게 되면 말을 더듬기도 합니다. 그 이유가 뭘까요?

왜! 뿔이 났을까? - 엄마! 마음을 알아주세요.

언어발달은 아이들에 따라 많은 개인차가 있을 수는 있지만, 만 3세가 되어도 3개 이상의 단어가 이어진 말을 하지 못할 경우는 말이 늦다고 생각할 수 있습니다. 그러나 언어발달의 정상 범위가 매우 넓기 때문에 이러한 경우라 하더라도 무조건 말이 늦다고 단정할 수는 없습니다. 언어발달이 정상적인데도 말을 잘 하지 않는다면 심리적으로 우뇌에 스트레스, 스크린, 산만함, 집중력 부족, 무기력, 눈빛이 약해 자신감이 부족할 경우 등 뭔가 말하는 것이 심리적으로 부담스럽거나 좌뇌의 추상력이 약해 생각하고 표현하는 힘이 부족해 어떻게 말해야 할지 모르는 경우에 나타납니다. 때문에 부모님이 아이의 언어발달에 대한 원인을 파악하는 관심과 이해가 중요합니다. 또한 신체구조 상으로 말이 늦는 경우도 있는데, 청력의 문제로 듣는 사고력이 약한 경우에도 말을 잘 하지 않으려는 현상이 나타납니다. 여러 가지 상황들이 있을 수 있으니 원인을 찾아 훈련하는 것이 중요합니다.

Solution - 엄마! 도와주세요.

하나, 아이에게 자신감을 심어주고, 긍정적인 사고를 길러주세요.

아이가 말을 시작하면 아무리 표현이 서툴고 틀린 부분이 많더라도 이를 지적하지 마세요. 아이들은 윽박지르거나 지적하면 심리적으로 부담을 느껴 말을 하지 않으려고 합니다. 그러나 칭찬을 받은 아이는 자신이 사랑받고 있으며 자신의 행동에 부모가 관심을 갖고 있다는 것을 확인하게 됩니다. 이것은 아이의 마음을 안정시켜 부드럽고 포용력 있는 성격을 갖게 합니다. 칭찬을 자주 하다 보면 부모와 아이의 관계도 더 친밀해지고, 아이의 바람직한 행동에 중점을 두게 되므로 아이는 말을 자신 있게 하게 됩니다.

둘, 낭독과 눈빛 훈련을 시켜주세요.

책을 읽을 때 낭독을 통하여 48개의 안면 근육을 발달시키고 호흡을 고르게 하여 남 앞에 서서 자신감을 가지고 논리적으로 설득할 수 있는 아이로 키워주세요. 신체 밸런스 중에 안면근육이 약한 아이들은 말을 또박또박 못하고, 말하기를 싫어합니다. 선천적으로도 언어 뇌가 약하게 태어났고 후천적으로도 말하기를 싫어한다면 당연히 성장하면서 언어사고력은 점점 더 떨어질 것이고 이로 인해 한글도 늦고 이해력도 늦어 결국 학습능력에도 문제가 생길 것입니다. 혹 말이 트기 전에 아이에게 많은 이야기를 들려주지 못했다든지, 텔레비전 소리에 많은 시간 노출되었던 아이들에게는 지금이라도 책을 많이 읽어주고 눈을 바라보면서 대화할 수 있는 시간을 가진다면 좋은 결과를 기대할 수 있을 것입니다.

셋, 어휘력을 키워주세요.

어휘력은 만 5세 전후가 되면 폭발적으로 발달하며 말을 깨치는 힘은 일생 중 이 시기에 가장 크고 학교에 들어가서부터는 이보다 더디게 성장한다고 보면 됩니다. 따라서 가장 좋은 교육 시기인 말을 배우기 시작할 때부터 책을 많이 읽어 주어 생각하는 힘을 키워주고 어휘력을 훈련시켜주세요. 책이 머릿속에 들어가면 글과 말로 나오기 때문입니다. 이런 아이들은 후에 글짓기, 논술을 잘하게 됩니다.

뿔났어요? 7. 어른들에게 반말을 해요.

우리 아이는 5세 남자아이입니다. 저에게 "엄마 과자 사줘.", "엄마 밥 줘."라고 말할 때는 예쁘기만 했는데 어느 날 할머니가 오셨는데, "할머니 이거 먹어."하니 제 얼굴이 뜨거워졌어요. 아이가 어려서부터 반말을 하더니 이제는 만나는 어른들에게 반말을 해요. 존댓말 어떻게 가르쳐야 할까요? 쉽게 가르치는 방법은 없을까요?

왜! 뿔이 났을까? - 엄마! 마음을 알아주세요.

아이들이 엄마에게 말을 할 때 존댓말을 하는 아이는 아주 특별해 보입니다. 저 아이 엄마는 아이에게 어떻게 교육을 시켰을까 의문이 들 정도입니다. 아이들은 주변 사람들과 접촉을 통해서 말을 배웁니다. 부모가 아이에게 반말을 하면 아이는 당연히 반말을 하게 됩니다. 아이들이 할머니에게 반말을 하는 것은 할머니를 무시해서 그러는 것이 아닙니다. 존댓말을 해야 할 사람이 누구인지, 존댓말을 어떻게 해야 하는지를 뇌가 인지하지 못하기 때문이고 방법적으로 할머니에게 어떻게 존댓말로 표현해야 되는지 모르기 때문입니다.

　부모가 어릴 때부터 존댓말을 쓰는 좋은 습관을 길러주면 좌뇌의 추상력과 언어사고력이 발달하게 되고 우뇌의 정서가 안정되어 아이는 좋은 성품을 갖춘 아이로 성장하게 됩니다. 아이에게 존댓말을 가르치는 건 단순한 언어 자체의 교육에 그치는 것이 아니라 인간관계를 가르치는 것과 같습니다. 우리가 고급 정장을 입고 파티에 갈 때와 운동복을 입고 일상생활을 할 때의 마음가짐과 행동이 다른 것처럼 말 한마디에 인격이 평가될 수 있다는 사실을 잊지 말아야 합니다. 유아기 존댓말 교육은 선택이 아니라 필수입니다.

Solution - 엄마! 도와주세요.

하나, 부모가 먼저 존댓말을 사용하도록 하세요.

　5세 전후가 되면 의사소통이 가능할 정도로 언어가 발달하고 부모를 따라 모방하기를 좋아합니다. 부모님들은 아이가 보는 앞에서 다른 사람들에게 반말을 하고 부모님에게 존댓말을 사용하지 않는 경우가 의외로 많습니다. 아이는 부모의 행동과 말을 그대로 배우고 모방합니다. 그러므로 상황에 맞게 존댓말을 사용할 수 있는 멋진 아이로 자라게 하는 시작은 부모의 작은 실천에 있습니다. 어렸을 때 배운 존댓말은 자랄수록 아이를 빛나게 하는 소중한 자원이 되어줄 것입니다.

둘, 언어 수정은 존댓말로 반복해서 교정해주세요.

"엄마 밥 줘.", "엄마 안아줘." 라고 아이가 반말을 하면 엄마는 아이에게 "엄마 밥 주세요.", "안아 주세요." 라며 존댓말로 교정해준 후 교정된 언어를 반복해서 말할 수 있도록 도와주세요. 또한 아이가 반말보다 존댓말을 쓸 때 엄마가 크게 반응을 보이고 칭찬을 해주면 아이의 뇌는 존댓말을 해야 한다고 인지하게 됩니다. 다시 말해 아이가 반말을 하려고 하다가 존댓말로 언어를 교정하여 말하게 되는 것입니다.

셋, 행동수정을 할 때는 존댓말로 수정해주세요.

아이들을 야단칠 때 아이를 큰소리로 윽박지르게 되면 아이는 시각적통찰력이 낮아져 자신감을 잃게 되고 말을 안 하려고 합니다. 더욱이 아이의 잘못된 행동을 수정하고자 야단을 치다 보면 엄마는 자기도 모르게 감정에 북받쳐서 심한 말을 하고 분별없이 언성을 높이게 됩니다. 그러므로 존댓말로 야단을 치는 것이 좋습니다. 이럴 경우 부모 스스로 감정이 차분해지고 분별력이 생겨 아이에 대한 실수를 줄일 수 있게 됩니다.

뿔났어요?   8. 프랑스 부모들의 인성교육

대부분의 우리나라 아이들은 3~4살이 되면 또 박또박 말대꾸를 하기 시작하고 울음으로 모든 것을 해결하려 드는 경우가 많습니다. 그러나 프랑스의 아이들은 칭얼대지도 않습니다. 말대꾸도 하지 않습니다. 이 아이들은 도대체 어떤 교육을 받고 자라는 것일까요?

왜! 뿔이 났을까? - 엄마! 마음을 알아주세요.

프랑스어로 '앙팡루아' 란 말이 있습니다. 이 말은 가족 안에서 왕처럼 군림하는 아이를 말합니다. 즉, 자기가 원하는 것을 언제든 얻어낼 수 있고 떼만 쓰면 무엇이든 손에 쥘 수 있고 가족들 모두가 아이를 중심으로 생활하는 가정의 아이를 말합니다. 이러한 환경은 아이의 교육적인 면에서 좋지 않습니다.

우리나라의 경우 아이에게 모든 것을 투자하는 모습을 흔히 볼 수 있습니다. 반면 프랑스에서는 아이를 위해 온 가족이 희생하는 것을 이해하지 못합니다. 프랑스는 아이를 독립적으로 키우려고 노력합니다. 왜냐하면 아이를 보살펴야 하는 불안한 존재가 아닌 독립적인 존재로 보기 때문입니다.

세계에서 말대꾸를 하지 않기로 유명한 프랑스 아이들은 좋아하는 만화를 틀어달라고 고집을 피우지도 않고 일찍 잠자리에 들고 싶지 않다고 칭얼대지도 않습니다. 이 아이들은 도대체 어떤 교육을 받고 자라는 것일까요?

Solution - 엄마! 도와주세요.

하나, 규칙적인 생활로 절제력을 길러주세요.

체계적이고 규칙적인 생활을 유지해야 훈육이 더 효과적으로 이뤄진다는 연구 결과는 쉽게 찾을 수 있습니다. 아이들이 규칙적인 생활을 하게 되면 이런 생활을 통해 절제력을 키우게 되고, 주변 환경을 건설적으로 통제할 수 있기 때문입니다. 또 부모와의 힘겨루기도 확연히 줄어듭니다. 규칙적인 생활이 습관이 되고 나면 아이에게 그런 규칙을 강요하면서 사람 잡는 괴물이 된 듯한 죄책감을 느낄 필요가 없어집니다.

둘, 부모의 결정을 존중하고 신뢰하게 하세요.

아이가 부모에게 반발할 때 일일이 발언권을 줄 필요는 없습니다. 한 번 '안 된다.'고 하면 안 되는 줄 알도록 합니다. 아이가 부모의 결정을 존중하고 신뢰하는 법을 배워서 해로울 것은 없기 때문입니다.

셋, 말썽을 부렸으면 그에 상응하는 벌을 주세요.

　어린아이들은 아직 통찰력이 없습니다. 따라서 훈육을 할 때는 아이가 세상 이치를 제대로 알지 못하는 상태임을 감안해야 합니다. 하지만 잘못을 저지르면 반드시 벌이 뒤따른다는 사실을 인지시켜야 합니다. 예를 들면 장난감을 던졌다면 그 장난감을 빼앗는 벌을 줄 수도 있습니다.

넷, 명확한 규칙을 정하고 절대 물러서지 마세요.

　부모와 아이 사이에 불변의 규칙을 정해야 합니다. 예를 들어 '차를 탈 때는 안전벨트를 한 채 카시트에 얌전히 앉는다.', '길을 건널 때는 엄마나 아빠의 손을 잡는다.', '정해진 시간에 잔다.', '식탁에서는 똑바로 앉는다.' 등.

　가족마다 구체적 내용은 다를 수 있지만 무엇이 됐든 반드시 지키도록 해야 합니다. 법을 어겨서 체포될 확률이 겨우 50%라면 법을 어기는 사람이 더 많을 것입니다. 위협을 가했다면 끝까지 밀고 나가야 합니다. 위협만 해놓고 행동으로 옮기지 않는 부모가 대부분이기 때문에 아이들은 빠져나갈 구멍이 있다고 믿게 되는 것입니다. 경고만으로는 아무런 효과도 없습니다.

다섯, 옳고 그름을 가르치는 데 주저하지 마세요.

　아이들은 사리판단 능력이 떨어집니다. 따라서 윤리관을 심어주는 것도 중요하지만 단순한 일과를 올바르게 행하도록 가르치는 것도 마찬가지로 중요합니다. 오른쪽 신발을 오른발에 신으라고 한다고 해서 결코 아이의 창의성이 위축되지는 않습니다.

여섯, 아이에게 소유에 대한 절제력을 길러주세요.

아이들이 요구하는 대로 군것질거리와 장난감을 제공해주면 요구 사항만 점점 더 많아질 뿐입니다. 절제력을 길러주지 않는 한 똑같은 상황이 되풀이됩니다.

일곱, 피가 난다면 모를까, 일어서지 마세요.

아이들은 말을 잘 듣다가도 어느 순간 완전히 자제력을 잃습니다. 마찬가지로 언제 그랬냐는 듯 순식간에 진정되기도 합니다. 그러니 아이가 비명을 지른다고 매번 일어설 필요는 없습니다.

여덟, 아이의 눈물 앞에서 냉정을 유지하세요.

아이가 울 때 그 이유가 정당한지 정확히 파악하려 노력해야 합니다. 단순한 생떼인지 부모가 가려내야 하지요. 만약 생떼를 쓰고 있다면 철저히 무시하도록 합니다. 아이들은 관심을 끌고 싶을 때나 부모의 마음을 돌리고 싶을 때, 부모로부터 양보를 얻어내고 싶을 때 울음을 터뜨리는 경우가 많기 때문입니다.

아홉, 아이에게 기다리는 법을 가르쳐주세요.

　기다림은 아이가 좌절을 견뎌내고 인내심을 기를 수 있게 해줍니다. 원한다고 다 가질 수 없음을 깨우치게 해줘야 합니다. 기다림은 아이의 정신적 발달을 방해하지 않습니다. 오히려 정반대입니다.

열, 아이가 부모의 욕구를 존중하도록 가르쳐주세요.

　아이가 세상 무엇보다 소중한 존재이기는 하지만 그렇다고 부모의 권위를 잃어서는 안 됩니다. 엄마 아빠가 늘 옆에 있을 수는 없고 늘 놀아줄 수도 없음을 인지시켜야 합니다. '부모도 사람이다. 따라서 혼자만의 시간, 부부만의 시간이 필요하다.'는 사실을 알려야 합니다.

뿔났어요?   9. '안 돼' 훈육법

눈에 넣어도 아프지 않을 만큼 너무 예쁜 아이지만 안 되는 것은 안 된다고 확실하게 혼내야 다른 사람에게도 사랑받을 수 있겠죠? 모두에게 사랑받는 아이가 될 수 있는 '안 돼 훈육법'이 있다고 하는데 어떤 것인가요?

왜! 뿔이 났을까? - 엄마! 마음을 알아주세요.

혼을 내는 것보다 칭찬하는 것이 당연히 낫지만, 아이를 키우다 보면 어쩔 수 없이 야단을 쳐야 할 때가 있습니다. 어쩔 수 없이 야단을 쳐야 한다면 가능한 한 효과적이고 마음의 상처를 받지 않도록 하는 게 좋습니다. 아이들이 원한다고 뭐든지 다 들어주면 아이들은 어떤 게 잘못된 행동인지 잘 모르게 되기 때문입니다.

4세 전후의 아이들은 말귀를 다 알아듣습니다. 이 시기의 아이들이 잘못된 행동을 한다면 왜 잘못되었는지, 어떻게 행동해야 했는지 바로잡아 줘야 합니다. 부모가 아이들의 잘못된 행동을 바로잡지 않고 오냐오냐만 한다면 기초적인 사회 규범을 익힐 기회가 사라지게 됩니다. 모든 걸 자기 마음대로 할 수 없다는 것을 알아야 아이가 커서도 실패를 받아들일 수 있게 됩니다.

그러나 화를 내는 과정에서 동반되기 쉬운 체벌은 가장 위험합니다. 매를 들면 아이들이 즉시 행동을 고치는 것처럼 보이지만 체벌이 반복되면 아이들은 매를 맞기 전까지는 행동을 바꾸지 않는 수동적인 자세를 보일 위험이 있습니다. 체벌을 받은 아이는 심리적으로 편안하지 못해 집중력이 흐려지는 경우가 많습니다. 때로는 상황을 모면하기 위해 부모에게 과잉 순종하기도 하는 등 역효과가 크기 때문에 화를 낼 때 매를 드는 것은 좋지 않습니다.

Solution - 엄마! 도와주세요.

하나, 왜 화났는지 이야기해주세요.

부모가 왜 화를 내는지 설명해주지 않으면 아이들은 제대로 이해하지 못하기 때문에 부모가 자주 화를 낼 경우 아이들은 무서워하고 눈치를 보게 됩니다. 스스로 행동을 바꾸는 대신 무섭고 두려운 상황을 피하고자 '예'라고 답하며 상황을 회피할 우려가 크다는 것입니다. 이런 경우 아이들은 부모와 심리적으로 점점 멀어지며 자기중심적으로 변하게 됩니다. 심한 경우 타인의 감정에 공감하는 능력이 떨어질 우려도 있습니다. 특히 4~7세에 형성된 자아와 성격은 성인이 돼서도 바뀌지 않는다는 점에서 세심한 주의가 필요합니다.

　설명하거나 질문을 해서 아이가 무엇을 잘못했는지 이해하고 자신의 잘못을 받아들이게 해야 합니다. 무엇을 잘못했는지 아이가 모른다면 혼을 내거나 야단을 칠 상황이 아닙니다. 이럴 때는 아이에게 왜 그런 행동을 하면 안 되는지 설명해주어야 합니다

둘, 혼을 내는 기준과 일관성이 중요해요.

　부모의 감정에 좌우되지 않고 정해진 규칙대로 예외를 두지 말아야 합니다. 또한, 아버지의 기준과 어머니의 기준이 달라서도 안 됩니다. 일관성이 있어야 아이는 부모가 기분이 나빠서 야단을 친 것이 아니라 자기가 잘못해서 야단을 맞았다고 생각하게 됩니다.

　부모의 기분이나 상황에 따라 즉흥적으로 결정하는 것이 아니라 해서는 안 되고 혼이 날 행동이 어떤 것인지 기준을 미리 구체적으로 정해야 합니다. 기준을 정할 때는 부모가 함께 생각해서 일관성을 유지해야 합니다. 단지 부모가 좀 귀찮으니까 편하려고 행동 기준을 정해서는 안 됩니다. 아이 자신이나 남에게 실제로 피해나 상해를 가하는 행동이 아니라면 처벌하지 않는 것이 좋습니다. 예를 들어 집안을 어질러 놓는 것 같이 바람직한 행동을 하지 않는 것은 덜 착한 것뿐이지 나쁜 것이거나 잘못하는 것은 아닙니다. 그러므로 바람직한 행동을 하지 않는다

고 야단을 치는 것은 옳지 않습니다. 바람직한 행동은 칭찬이나 보상의 방법을 사용해서 늘려 주는 것이 좋습니다.

셋, 안정된 상태에서 아이를 혼내세요.

부모가 아이를 혼낼 때에는 평소보다 차분해져야 합니다. 많은 부모들이 아이를 혼낼 때 점점 더 화가 나고 소리가 높아지는 경험을 합니다. 부모가 이렇게 흥분되고 화난 모습을 보이면 아이는 공포심에 사로잡혀 자신의 잘못을 생각할 마음의 여유가 없어집니다. 그러면 혼낸 의미가 없게 됩니다. 평소보다 차분하게 침착하게 그리고 목소리를 낮추어서 아이를 대하십시오. 혹시 부모가 화가 나 있는 상태라면 부모 자신의 감정이 가라앉을 때까지 기다린 후에 아이를 혼내는 것이 좋습니다. 자신이나 타인에게 피해나 상해를 주는 행동을 한다면 혼내거나 야단치기에 앞서 아이가 그 행동을 더는 할 수 없도록 즉각 제지해야 합니다.

넷, 인내와 여유를 갖고 훈육하세요.

어른들도 자신의 나쁜 습관을 고치려면 무척 애를 먹습니다. 흡연 같은 행동은 고치는데 성공하는 사례보다 포기하는 경우가 더 많습니다. 아이들도 마찬가지입니다. 행동이 쉽게 바뀌지는 않습니다. "너 그렇게 하면 혼난다."라는 말만하고 실제로 혼을 내지 않는다면 차라리 그런 말을 안 하는 것이 낫습니다.

경고만 반복하면 아이는 경고에만 그친다는 것을 알고 부모의 말을 무시하게 됩니다. 경고를 준 후에도 같은 행동을 반복하면 반드시 혼을 내야 합니다. 혼을 내도 달라지지 않는다고 해서 아이가 부모를 무시하는 것은 아닙니다. 단지 변화가 쉽지 않은 것뿐이니 인내와 여유를 가지고 일관성 있게 아이를 대하면 됩니다. 조급하면 좌절감을 느끼고 괜히 아이에게 심하게 화를 내게 되어 아이와의 관계만 나빠집니다.

뿔났어요? 10. 칭찬으로 키우는 아이

"시험에서 100점을 맞다니, 정말 똑똑한 아이구나.", "시험에서 100점을 맞다니, 정말 노력을 많이 했구나." 전자처럼 아이의 능력을 칭찬하지 말고, 후자처럼 아이의 노력을 칭찬하는 것이 좋은 칭찬이라 알고 있습니다. 올바른 칭찬! 어떻게 해야 할까요?

왜! 뿔이 났을까? - 엄마! 마음을 알아주세요.

꾸짖는 말에는 부정적인 의미가 담겨 있습니다. 아이는 꾸짖는 말을 들으면 자신이 한 나쁜 행동만 바라보게 됩니다. 그러나 칭찬은 바람직한 생각이나 행동을 바라보게 합니다. 잘못된 것, 나쁜 것이 아니라 잘한 것, 좋은 것을 먼저 돌아볼 수 있으므로 칭찬받고 자란 아이의 사고방식은 긍정적인 쪽으로 나아갑니다. 바람직한 행동에 대해 칭찬을 하면 아이는 이 행동을 더 많이 하려고 노력하게 되면서 자신의 행동에 대해 책임감을 느끼게 됩니다.

칭찬은 아이에게 자신감을 심어주고 긍정적인 사고를 길러줍니다. 높은 목표에 도전할 수 있는 용기는 바로 이런 자신감에서 나옵니다. 자신감이란 바로 자신을 믿는 감정입니다. 칭찬을 받은 아이는 자신이 사랑받고 있으며 자신의 행동에 부모가 관심이 있다는 것을 알고 있습니다. 아이가 불안할 일이 없으니 마음이 안정돼 부드럽고 포용력 있는 성격을 갖게 됩니다. 칭찬을 자주 하다 보면 부모와 아이의 관계도 더 친밀해집니다. 아이의 바람직한 행동에 중점을 두게 되므로 서로 주고받는 말들도 다 기분 좋은 것들입니다.

그러나 칭찬도 잘못하면 독이 됩니다. 칭찬이 자신감을 갖게 하고 아이가 가진 능력을 발휘하게 하는데 매우 중요한 이바지를 한다는 것은 이미 다 알고 있는 사실입니다. 그래서 칭찬을 많이 하는 것이 좋다는 것은 알지만, 칭찬도 잘못하면 부정적인 효과가 생깁니다. 칭찬에도 요령이 있습니다.

Solution - 엄마! 도와주세요.

하나, 사소한 것도 칭찬해주세요.

칭찬은 반드시 뭔가 근사하고 큰일을 했을 때 한다고 생각하지만 그렇지 않습니다. 아이의 하루하루를 잘 들여다보면 칭찬할 것들이 넘쳐나지요. 다치지 않는 것, 깨끗이 세수한 것, 장난감을 스스로 치운 것 등 사소하고 당연한 것에도 칭찬하는 습관을 들여보세요. 아이의 행동을 긍정적으로 바라봐주는 것에 사랑과 애정이 담깁니다. 칭찬과 함께 칭찬의 이유를 함께 말해주세요. "오늘 채소 반찬에 밥을 다 먹어서 엄마가 뿌듯하구나.", "스스로 장난감 정리를 한 걸 보니까 엄마가 참 기쁘구나."라고 구체적인 행동을 말해주는 것이 좋습니다.

둘, 결과보다는 과정을 구체적으로 칭찬해주세요.

칭찬할 때 잘 지켜지지 않는 부분이 바로 과정을 칭찬하는 것입니다. 아이가 엄마와의 약속을 잘 지켰을 때 그 결과만을 칭찬할 것이 아니라 아이가 약속을 지키기 위해 노력한 시간을 칭찬해주는 게 좋습니다. 이것은 아이가 계속해서 약속을 지키게 하는 동기부여가 됩니다. 예를 들어, '피아노를 잘 쳤다.'고 칭찬하는 것보다 '네가 피아노를 치는 것을 들어보니깐 열심히 연습한 것 같아서 엄마가 기분이 좋구나.'라고 칭찬하는 것이 좋습니다. '피아노를 잘 쳤다.'는 아이에게 계속 잘해야만 한다는 부담을 줄 수 있지만, 과정을 칭찬한 후자는 열심히 연습한 것을 칭찬하였기 때문에 결과에 대한 부담 없이 계속 노력을 할 수 있게 합니다. 시험에 100점을 맞아서 칭찬하는 것이 아니라 100점을 맞기 위해 보냈을 수많은 시간을 칭찬해주세요. 아이는 분명 노력할 것입니다.

셋, 좋지 않은 행동을 하지 않았을 때도 칭찬해주세요.

착한 행동을 했을 때 칭찬하는 것은 당연하지만, 아이가 좋지 않은 행동이나 해서는 안 될 행동을 하지 않았을 때는 칭찬하지 않고 넘어가기가 쉽습니다. 해서는 안 되는 행동을 아이가 하지 않는 것도 아이에게는 적극적인 노력이 필요합니다. 이렇게 노력하는 것도 칭찬해 주세요.

넷, 칭찬의 역효과를 주의하세요.

칭찬은 고래도 춤추게 하지만 부작용도 있습니다. 흔히 '칭찬의 역효과'라고도 하는 이것은 칭찬이 아이에게 부담감을 느끼게 한다는 것입니다. '넌 특별해, 재능 있어, 머리 좋아.' 같은 칭찬을 들은 아이는 그에 부합하지 못할까 봐 불안과 좌절을 느끼게 됩니다. 게다가 태어날 때부터 정해진 것으로 생각하는 재능을 칭찬받으면 도전정신이나 실패를 극복하는 힘을 기를 수 없습니다. '잘생겼다.', '예쁘다.', '머리가 좋다.' 와 같이 긍정적인 내용이라도 평가를 하는 칭찬은 아이가 평가에 예민해지도록 합니다. 세상 누구도 모든 면에서 완벽할 수는 없으므로 평가에 예민해지면 부족한 부분에 대해서는 스스로 열등감을 느끼게 됩니다. 또한, 이런 칭찬을 많이 받은 아이들은 자신이 '못생겼다.', '못 한다.' 는 소리를 듣게 될까 봐 불안하고, 그결과 자기가 잘하지 못하는 것은 아예 시도하지 않으려고 행동을 보이기 쉽습니다.

다섯, 일관된 태도로 칭찬해주세요.

칭찬을 할 때는 부모가 일관된 태도를 가지는 것이 좋습니다. 저녁 식사 차리기를 돕는 아이에게 도와줘서 고맙다고 말하다가 내일이 되면 귀찮게 하지 말라고 말한다면 아이의 실망은 커집니다. 그러니 일관된 태도가 필요합니다. 그리고 칭찬과 야단을 동시에 치는 것은 금물입니다. 흔히 사회생활의 처세술로 나쁜 말을 한 뒤 그 뒤에 좋은 말을 하라고 합니다. 그러나 이것은 어디까지나 성인에게 해당하는 것입니다. 칭찬과 야단을 거꾸로 한다면 칭찬의 좋은 효과를 누릴 수 없을뿐더러 부모 아닌 다른 사람의 칭찬도 칭찬처럼 듣지 못하게 됩니다. 말에는 수없이 무거운 추가 달려있다고 합니다. 우리가 사는 동안 아이에게 얼마나 많은 말을 하게 될까요? 그 많은 말과 칭찬 하나하나가 아이를 깎고 보듬고 정돈하게 될 것입니다.

제 4 장

Wise moms

EQ에서 WISEQ

EQ는 감성지수를 말한다. 감성지수란 자신의 감정을 다스리고 다른 사람의 감성까지 읽어내는 지수로써 대인 관계를 원활히 하는 사회적응능력을 평가한 것이다. IQ는 수치화가 가능하여 대략의 위치를 척도화 할 수 있지만 EQ는 그렇지 않아서 부모님들의 관심에 따라 개발되기도 하고, 둔해지기도 한다. 정서지능이 감성이 풍부한 것을 뜻한다고 알고 오해를 하기도 한다. 정서지능이란 일상생활과 사회생활에서 이성적 능력을 활용해 원만한 결과를 도출하는 것을 말한다.

몇 년 전부터 부쩍 IQ보다는 EQ에 더 관심을 가지게 되었다. '어떻게 하면 EQ를 높일 수 있을까?' 하고 말이다. 그렇다면 왜 EQ를 높여야 할까? 아리스토텔레스는 '인간의 목적은 행복이다.' 라고 했다. 내 아이를 글로벌 시대의 리더감으로 키우는 것도 중요하지만 더 중요한 것은 내 아이가 평생 행복한 삶을 영위하는 것이다.

사람은 사회적 동물이다. 혼자서는 살 수 없고 관계 속에 살아간다. 관계에는 사람과 사람 사이의 관계도 있고 사람과 국가, 사람과 자연과의 관계도 있다. 그렇다면 관계가 원활하기 위해서 우선 내 감정을 적절히 조절할 수 있어야 한다. 시도 때도 없이 내 감정을 여과 없이 드러낸다면 관계가 원활히 유지되겠는가? 감성지수가 낮아 상대방의 감정을 잘 읽지 못하는 것도 관계 유지에 지장을 줄 것이다. 또 아름다운 자연 앞에서도 아무런 감정이 생기지 않는다면 그 사람이 과연 행복하겠는가? 그렇지 않다. 왜냐하면 행복지수는 감성지수가 높을 때 올라가기 때문이다.

행복한 아이가 성공한다. 그러면 내 아이의 감성지수를 어떻게 높여야 할까? 감히 '사랑'이라고 답하고 싶다. 사랑은 받아본 사람이 줄 수 있다고 하지 않는가. 부모가 서로 사랑하고 부모가 자녀를 사랑한다면 감성지수는 높아진다. 제발 아이 앞에서 부부 싸움하지 말길 바란다. 아무리 화가 나더라도 아이, 특히 유아기 및 초등 저학년을 둔 아이의 부모라면 절대 그런 모습 보이면 안 된다. 어른에게 별것 아닌 것도 아이에겐 큰 충격일 수 있고 상처가 되는 것이다. 공포심은 감성지수의 최대 적이다. 어릴 때의 집안 분위기는 아이 정서에 큰 영향을 미친다.

사랑의 한 예로 봉사 활동이 있다. 미국에서는 대학 입학시

이 아이가 얼마나 많은 봉사 활동을 하였는지 앞으로 얼마나 많은 봉사 활동을 할 아이인지가 입학 여부를 가리는 중요한 잣대라고 한다. 요즘에는 우리나라 대학도 이 점을 받아들이고 있다. 아이에게 어릴 때부터 봉사할 수 있는 아이로 키우는 것이 EQ를 높이는 좋은 방법이다. 사랑은 받을 때보다 줄 때 더 행복하다. 전 재산을 사회에 기부하고 행복한 표정을 짓고 있는 사람들을 매스컴을 통해서 종종 본다. 그들의 표정을 보면 받을 때보다 줄 때 더 행복하다는 것을 확인할 수 있다.

현명한 엄마(wise mom)가 아름다운 가정을 만든다. 21세기는 EQ도 중요하지만 더욱 중요한 것이 WISEQ(WISE Quotient), 즉 현명지수이다. 지혜로운 아이가 되려면 현명지수를 훈련해야만 가능하다. 현명지수가 높은 아이로 키우려면 첫째, Wisdom Quotient, 슬기롭고 분별력 있는 지혜로운 아이가 되도록 도와주어야 한다. 둘째, Intelligent Quotient, 깊게 생각하고 창조적인 총명한 아이가 되도록 도와주어야 한다. 셋째, Social Quotient, 친구들을 이해하고 배려하고 잘 어울리는 사회성 있는 아이가 되도록 도와주어야 한다. 넷째, Emotional Quotient, 마음이 따뜻하고 감성이 풍부한 아이가 되도록 도와주어야 한다.

부모는 아이를 체계적으로 교육하고 훈련시켜 현명지수가 높은 아이, 즉 인성이 좋고 현명한(wise) 아이가 되도록 도와주어야야 한다.

엉뚱한
창의력

창의력이란 지금껏 없었던 새로운 것을 생각해내는 것이라기보다는 새로운 각도에서 바라보는 능력이다. 즉, 자기의 경험이나 소질을 기초로 고정관념을 넘어서서 생각하는 것을 의미한다. 창의력은 지금까지의 정보를 바탕으로 새로운 아이디어를 만들어 내는 지혜이며, 개념화를 기초로 하여 개념화의 벽을 넘어 새로운 재창조를 시도해 나갈 수 있는 생각과 지혜이다.

창의력이 높은 아이들은 여러 각도에서 생각할 수 있는 힘이 있으므로 하나를 가르쳐 주면 열 가지를 생각할 수 있다. 반면 창의력이 낮은 아이들은 응용력과 적응력이 떨어진다. 많은 지식과 정보가 있어도 활용하지 못하고, 사고력이 경직되어 있어서 융통성이 없고 고집이 세다. 자기가 경험하고 아는 것만을 인정하여 신속한 일 처리를 하지 못 한다. 일을 시키면 시키는 것만 하고 능률적인 처리를 하지 못 한다. 보통 '창의력' 하면 우뇌를 떠올리게 된다. 하지만 사고력 부분에서도 설명했듯이 창의력은 생각에도, 언어에도, 수학에도 적용된다.

창의력은 분명 우뇌와 많은 관련이 있다. 그러나 좌뇌가 도와주지 않으면 창의력은 휘발유 없는 자동차와 같다. 아무리 독특한 생각을 한다 해도 좌뇌의 논리적 사고력이 도와주지 않는다면 엉뚱한 생각만 하는 아이가 되고 말 것이다.

보통 창의성이 높은 사람에 대한 예로 에디슨을 꼽는다. 공부를 못하는 엉뚱한 아이들에게 에디슨 이야기를 해주며 용기를 주기도 하고, 아이들은 에디슨 이야기를 읽으며 용기를 얻기도 한다. 에디슨이 학교에서 엉뚱한 질문과 행동으로 수업을 받기 힘들다는 선생님 말씀에 부모가 집에 실험실까지 만들어 준 것을 우리는 익히 알고 있다. 에디슨이 후세에 널리 알려진 발명가가 된 것은 그 부모의 역할이 결정적이었다는 것은 사실이다. 그런데 책에서와 같이 실험할 수 있도록 실험실만 만들어 주었다면 아마 훌륭한 발명가가 되지 못 했을 가능성이 크다. 에디슨의 어머니는 새엄마였다고 한다. 그는 에디슨이 학교에서 문제가 있다는 이야기를 듣고 아버지와 상의하여 학교를 중퇴시키고 매일 가정에서 엄청난 책을 읽어 주고 읽게 했다는 사실을 알아야 한다. 책을 읽어 주고 읽혔다는 것은 좌뇌 훈련을 시켰다는 것이다. 그리고 실험을 할 수 있도록 해주어 좌뇌가 부족하면 논리적으로 실험을 할 수 없는 좌뇌의 단점을 보완시켰던 것이다.

에디슨은 좌뇌가 뒷받침이 되었다는 것을 알 수 있는 대목이다. 책을 많이 읽어 주고 또 읽도록 하여, 글을 읽고 이해하는 능력이 뛰어나며, 생각을 글로 옮길 수 있는 힘이 생겼다는 증거는 에디슨이 청소년 시절에 기차 안에서 다른 지역의 소식을 신문으로 만들어 배포하는 글쟁이였다는 사실에서도 잘 알 수 있다.

어려서 창의적인 모습을 보이는 아이들에게는 다른 아이들보다 더 다양하고 많은 책을 읽어주어야 하고 또 읽도록 해야 한다는 사실을 알아야 한다. 우뇌 혼자서는 논리적인 생각을 실험으로 옮길 수 있는 힘이 없고, 아무리 좋은 실험을 했다 하여도 학문으로 정리하지 못하기 때문이다.

또 하나 창의성이 뛰어난 아이와 산만한 아이를 혼동해서는 안 된다. 창의성이 뛰어난 아이들은 남들이 무심코 지나가는 작은 일 하나를 다른 각도에서 생각하고 해결하려고 노력하며 작은 일에도 아주 뛰어난 집중력을 보인다. 그러나 산만한 아이들은 이것저것 호기심은 가지지만 바로 싫증을 느끼고 무엇을 보아도 건성이다. 이런 아이들을 잘못 판단하여 창의성이 뛰어나다고 생각할 수 있다. 그러나 이러한 행동들을 방치하면 커 가면서 성적이나 성격에 문제가 생길 수도 있음을 알아야 한다.

창의성이 뛰어난 아이로 훈련하는 방법은 어려서부터 아이들에게 많은 것을 보여주는 것인데, 보여주는 방법을 잘 알아야 한다. 아이에게 이것저것 보여주며 '이것은 무엇이고, 저것은 무엇이다.' 처럼 바로 사물의 이름을 알려주게 되면 이 아이는 스스로 생각하는 힘이 약해진다. 오히려 어려서부터 늘 "저것이 뭐지?"라고 질문을 하여 아이로 하여금 관심을 가질 수 있도록 해주어야 하며 "저것은 왜 저렇게 생겼을까?", "이것의 이름은 무엇일까?", "저것은 왜 저기에 있을까?", "이것은 어떤 맛일까?", "저 과일의 속은 어떤 색일까?", "이 동화책의 내용은 어떤 내용일까?" 등 어머니는 아이에게 정답을 주지 말고 생각할 수 있도록 도우미 역할을 해야 한다. 대부분의 엄마들은 많은 것을 가르치려고 한다. 조금 더 가르치려고 많이 보여주고 많이 가르치지만 아이 입장에서는 지겨운 일이다. 예를 들어 세종대왕 능이 있는 영능에 가서 세종대왕 때 만들어진 해시계를 보았다고 가정해보자. 엄마가 아이에게 "이것이 해시계야. 세종대왕이 만들었는데 그림자를 보고 시간을 알 수 있는 거야." 라고 말하면 아이는 "응, 그렇구나."라는 생각을 하며 더 이상 생각할 일도 없고 생각하려고 들지도 않는다. 한 시간 후 "이것이 무엇이라고 했지?"라고 물으면 이 아이는 금방 잊어버리고 "아까 엄마가 뭐라고 했지?" 할 것이다. 세종대왕 능에서 본 것이 수십 가지인데 주입식으로 가르쳐준 것을 아이가 다 외우고 있으리라고는 생각하지 말기 바란다.

우뇌적 접근 방법을 알아보자. 어머니가 호기심 가득한 표정과 언어로 "이것은 무엇일까? 해시계라고 쓰여 있는데, 너는 혹시 무슨 뜻인지 알겠니?" 이렇게 말하면 아이가 엄마에게 가르쳐줄 욕심에 해시계를 세심하게 관찰할 것이다. 이때 부품 하나하나를 가리키며 "이것은 무엇을 하는 걸까?", "저것은 무엇을 하는 걸까?" 이렇게도 질문하고, 더 나아가 "우리도 나뭇조각을 주어 해시계를 만들어 볼까?", "주변에서 나뭇조각을 주어 땅에 꽂아 놓고 해시계를 보고 지금은 몇 시일까?" 하면서 서로 시간을 맞추는 게임을 아이와 해보라. 이 아이는 해시계에 대하여 아마 평생 잊지 않을 것이다.

어려서 본 것과 들은 것 그리고 경험한 것은 평생 동안 영향을 미친다. 어려서부터 부모에게 이런 방식의 교육을 받은 아이들은 커 가면서 매사에 이렇게 한 가지를 깊이 분석하고 생각하는 아이가 된다. 물론 이렇게 하다 보면 시간이 많이 걸리고 엄마는 아이에게 끊임없이 질문을 해야 하기 때문에 힘이 드는 것도 사실이지만 "No pay, no gain." 노력없이는 얻는 것도 없는 법이다.

언어가 뛰어나고 이해력이 좋은 아이가 되려면, 엄마는 아이 앞에서 수다쟁이가 되어야 한다. 엄마가 애교스럽지 못하면 아이들 역시 애교가 없다. 엄마가 말이 없으면 아이들은 말이 적고 이해력이 떨어진다. '아이들은 엄마를 닮는다.' 는 것을 우리는 잘 알고 있으면서도 실천하기가 쉽지 않다. 100가지를 건성으로 보게 하는 것보다 한 가지를 깊이 세심하게 관찰하는 것이 아이에게 더 효과적이라는 것이다.

입술 30초 가슴 30년

세살 정도 되면 보통 아이들은 말을 한다. 특수한 경우를 제외하고는 인간은 누구나 말하는 능력을 타고 난다. 그러나 정작 말다운 말, 즉 우리 모두에게 보약이 되는 좋은 말을 하기는 생각만큼 쉽지 않다. 우리는 가끔 말 한 마디 잘못하여 곤경에 빠지는 경우를 보기도 하고, 말을 잘하여 행운을 부르는 경우를 보기도 한다. 자녀 교육에 있어 부모의 말은 절대적이다. 말이 씨가 된다고 아이는 부모가 해주는 말대로 된다고 해도 과언이 아니다. 그러니 나의 말 한마디가 아이의 뇌에 각인된다는 것을 명심하고 조심해야 한다.

한 어머니가 아이를 데리고 상담을 왔다. 큰아이는 초등학교 1학년 남자아이고, 둘째는 6살 여자아이, 셋째는 4살 여자아이였다. 남편이 직장 관계상 늘 늦게 들어오고, 아이 셋을 혼자서 키우다시피 한다고 했다. 남자아이가 다른 아이들에 비하여 산만하기 때문에 집에서도 늘 동생을 울리고 문제를 일으킨다고 한다. 이 엄마는 화가 나면 자기조절능력을 잃어버린다고 한다. 예쁠 때는 한없이 예쁜 아이들이지만 화가 나면 모두가 원수처럼 생각이 되어 심한 말과 욕설을 퍼부어 댄다고 했다. 아이가 산만한 것도 작은 아이들이 언어가 약한 것도 어찌 보면 이런 엄마의 영향력이 크게 미쳤을 것이다. 나는 그 엄마가 화가 났을 때 아이들에게 하는 말을 일일이 적어 보도록 했다. 자기가 적으면서도 소름이 끼친다는 표현을 자주 했다. 이렇게 자기의 잘못을 알고 고치려고 노력하는 동안 특별한 처방 없이 아이들이 서서히 좋아지는 모습을 보았다.

아이 셋을 혼자서 키운다는 것은 쉬운 일이 아니다. 거의 연년생으로 셋을 키우다 보니 엄마는 정신적으로 육체적으로 극도로 지쳐 있었고, 남편은 이런 부인에게 아무런 도움을 주지 않았기 때문에 이 엄마는 심리적으로 더 힘들고 어려웠을 것이다. 남편이 일찍 퇴근하여 부인이 하는 투정이라도 받아주었더라면, '고생한다.' 라고 따뜻한 말이라도 한마디 해주었다면, 이 어머니의 상태는 훨씬 덜 했을 것이다. 자녀 교육은 엄마 혼자서 하는 것이 아니다. 아빠가 엄마처럼 돌보고 챙길 수는 없지만 함께 고민하고 하루 종일 아이와 힘들었던 것을 들어주고 따뜻한 말 한마디로 격려해 주어야 하는 것이다. 이것이 부부가 함께하는 것이다. 남편의 작은 배려가 엄마로 하여금 아이에게 인자하고 너그러운 엄마가 되게 한다는 사실을 남편들은 잘 알아야 한다. '두뇌의 80%는 언어의 지배를 받는다'고 했다. 따뜻한 말 한마디가 두뇌를 지배하여 긍정적인 생각을 만들게 되고 긍정적인 행동을 하게 하여 활력의 엔도르핀을 만들어 낸다. '입술 30초, 가슴 30년'이라는 말이 있다. '짧은 말 한마디가 듣는 이에게 30년 가는 상처를 줄 수 있다.'는 의미다. 하물며 그 대상이 사랑하는 내 자식이라면 어떻겠는가? 자녀 교육에서 가장 효과적인 방법은 부모가 '롤모델'이 되는 것임을 명심하자.

책을 마무리하며 교육의 살아있는 주제가 되어준 든든한 아들 이용택 군, 학교에서 행복 지수가 가장 높고 책의 이름도 멋지게 지어준 딸 이슬 양에게 글을 빌어 고마움을 전한다.

부록

Mom's Diary

오늘 나는 아이에게...

BGA 100일

엄마는 준비된 자여야만 한다. 건강한 두 남녀가 만나 어느 날 갑자기 엄마가 되는 것이라면 아주 쉽다. 하지만 진정한 엄마가 되기 위해 많은 노력과 많은 것을 알고 있어야 된다는 것을 새삼 깨닫게 해주는 것이 아마도 내게 BGA가 아니었을까 하는 생각이 든다.

아이에게 한없이 어떻게 해줘야 하는지 갈팡질팡하고 있을 때 BGA를 접하게 되었다. 엄마라는 이름으로 아이보다 앞서 태어나 그 몸에 담고 낳은 아이를 빗자루 휘두르듯 방향 없이 마구 제 맘대로 흔들어 아이를 더 힘들게 했던 것 같아 부끄럽기만 했다.

이제 좀 알 것 같고, 좀 할 수 있을 것 같지만 아직 갈 길이 멀다. 두 아들을 보면 뭐든 다 주고 싶고, 대신 아파주고 싶지만 BGA는 그것을 하지 말라고 한다.

힘들지만 아이들이 조금씩 변해가는 모습을 보며 '그래 BGA가 맞나보다.', '내가 여태 잘못 알고 행동했구나!', ' 좀 더 해보자.'라는 마음이 생겨난다.

입으로는 아이에게 안 된다고 말하면서 행동으로는 아이들이 원하는 것을 해주는 나를 보고는 누군가가 왜 아이의 버릇없는 행동을 강화시키는지 모르겠다고 했다. 나도 몰랐다. 내가 그렇게 하는지….

그런데 다른 이를 보고 깨달았다. 아이가 하면 안 되는 행동을 해도 되냐고 물어봤을 때 입으로는 '안 돼.' 라고 하면서 아이가 안 되는 행동을 했을 때는 아이를 도와주는 모습을 보곤 내가 저랬었구나 하는 것을 알았을 때의 기분도 BGA를 통해 또 다시 느끼게 되었다.

100일이나 접하고도 아직 익숙하지 않아 여전히 힘들다. 엄마의 일기 또한 여전히 큰 짐이다. 하지만 '좀 더 해보자.' 는 다짐을 해본다. 이제 겨우 한 걸음 나아갔을 뿐. 다시 해보자.

BGA를 접하고 3개월이 지나 뒤돌아보니
내가 꿈꾸던 부모가 바라는 아이는 처음부터 나의 착각이었다. 내가 바라는 부모의 모습, 우리 아이가 바라는 부모의 모습, 내가 바라는 우리 아이의 모습은 결국 나의 모습 즉, 내가 바람직하게 살아야 된다는 것을…. 아이를 향한 나의 눈을 나에게 돌려야 된다는 것을 비로소 알게 되었다.

어느 날 갑자기 훌륭한 아이가 되는 것이 아니라 많은 노력과 인내로 천천히 작은 것부터 하나둘씩 교육과 훈련을 통해 변해 가야 어느 날 훌륭한 아이로 만들어지는 것을….

부모를 부르는 호칭부터 어머니, 아버지로 부르게 하고, 존댓말을 사용해야 하며, 나눔의 기쁨을 가르치는 기본부터 훈련시키는 BGA!
그래서 '어머니'라고 불러주는 딸아이의 한마디가 너무나 소중하다. 맛있는 것을 먼저 제 입에 넣어주는, 양은 많지 않지만 그래도 그런 작은 변화도 소중하다. 언젠가 반 이상은 나에게나 친구에게 양보할 수 있겠지.
이런 작은 변화 하나하나가 나에게는 소중하다.

언어사고력과 집중력이 약한 우리 아이. 쉽게 변할 수 있다면 얼마나 좋을까? 하지만 그것 또한 인내하고 끈기 있게 훈련을 통해 변한다는 것을 잘 안다. 3개월은 비로소 나에게 준비할 수 있는 마음을 주었다. 단 달려가기만 하면 된다. "탕!" 출발을 알리는 총소리….

아이가 스스로 할 수 있을 때까지

"엄마가 아이를 망칠 수도 있다"라는 강의 내용에 충격을 안고 집에 왔다. 내 자신을 돌아보니 너무도 강압적인 엄마의 자화상이 떠올랐다. 아이에게 뭐든지 나의 마음대로 하려고 하는….

유치원에서 오는 대로 아이에게 '가방에서 도시락을 꺼내 싱크대에 넣고, 내일 아침부터는 원복과 신발을 스스로 신어.' 라고 하고, 그 이유를 설명해주었다. "심부름을 시키라." 는 강의 내용에 공감이 갔다.

아이의 느린 행동을 보고 답답해진 마음에 무엇이던지 내가 먼저 해줘버리는 그 행동이 아이의 자립심을 없애버린다는 생각이 들었다. 금방은 안되겠지만 인내를 가지고 기다려주면서, 아이가 스스로 할 수 있을 때까지 참고 또 참자.

….

하루 만에 싱크대에 도시락을 넣고, 원복을 입고, 조금 느리긴 했지만 신발도 스스로 신고….

오늘은 작정을 하고 칭찬을 해주기로 했다. 그렇게 생각을 하니 칭찬할 게 너무 많았다. 그런데 아들의 말이 날 감격하게 했다. "엄마가 그렇게 칭찬을 많이 해주시니까 가슴이 쿵쿵 뛰고 기분이 좋아요." 라고.

유난히 애교 많고, 표현력이 풍부한 아들! 넘넘 사랑한다.

처음으로 슈퍼에 심부름을

아이에게 처음으로 슈퍼에 심부름을 보냈다. 아이가 좋아하는 마이쮸 3개를 사오게 했다. 경비실 앞 현관에서 나는 기다리고 아이 혼자 걸어서 슈퍼에 가게 했는데, 나중에 알고보니 아이는 가는 동안 가슴이 콩닥콩닥 뛰고 슈퍼 앞에서는 눈물을 흘렸단다.

슈퍼 이모가 눈물을 닦아주고 마이쮸 3개를 찾아주었다고 한다. 마이쮸 사과 맛, 포도 맛을 물어봤는데 없다고 해서 딸기, 요구르트, 오렌지 맛 3가지를 사고 거스름돈, 영수증을 챙기고 차 조심해서 천천히 걸어왔다고 한다.

얼마나 대견스럽고 자랑스러운지 꼭 안아서 뽀뽀도 해주고, 넌 정말 용감하고 자랑스러운 아이라고 칭찬을 아끼지 않았다. 아이도 갔다 오고 나서는 기분이 엄청 좋았다고 했다.

화를 내지 않으려고

화를 내지 않으려고 꾹꾹 참는다. 아이가 때론 잘 따라주지 않을 때도 있다. 작심 3일이 되지 않도록 마음속으로
억박지르지 않기, 짜증내지 않기, 화내지 않기, 칭찬하기를 하루에도 열두 번 마음속으로 새긴다.
엄마가 된다는 건 정말 힘든 숙제와도 같다.

화내지 않는 아내, 엄마로

화내지 않는 아내, 엄마로 변신했다. 그래서 남편도 아이도 행복해 한다. 미소로 눈 맞추며 대하니 모두가 행복하다. 매일매일 이렇게 하면 늘 이렇게 변하겠지. 나는 오늘도 주문을 외운다.

'우리 가족은 행복하다. 나도 행복하다.'

매일매일 기대가 된다.

매일매일 기대가 된다. 매일 실천할 일이 있어서…. 아이들이랑 서로 행복해지는 꿈을 현실로 꾸고 있다. 때론 잘될 때도, 때론 안 될 때도 있기는 하지만 매일매일 즐거운 마음으로 실천하다 보면 점점 나아지겠지.….

아이자
뿔났다

글 | 이경주
펴낸이 | 이경주
펴낸곳 | 와이즈브레인
디렉터 | 양진선
표지&편집디자인 | 이소영
주소 | 서울특별시 금천구 가산디지털2로 184 벽산디지털밸리 2차 211호
　　　와이즈브레인 : www.wiseQ.co.kr / www.CamMaths.co.kr
　　　한국좌우뇌교육계발연구소 : www.BGA.or.kr

초판 1쇄 발행 | 2015년 10월 5일
초판 2쇄 발행 | 2018년 10월 15일

전화 | 02-869-0026
팩스 | 02-869-0951

정가 | 15,000원

BGA 검사분석과 교육 처방으로
창의적 학습능력과 인성이 좋아집니다.

BGA 두뇌종합검사란?

1981년 노벨상을 수상한
로저 스페리(Roger Sperry)박사의
'분할 뇌 이론'을 기초로 두뇌를 좌우뇌 8개 영역으로
종합분석하는 검사입니다.
좌뇌 4가지 영역과 우뇌 4가지 영역의 네트워크 상태를
분석하고 처방을 제시합니다.
한 번의 BGA 검사로 좌우뇌 성향,
학습·성격·정서 영역분석과
8가지 종합지수(감성, 사회성, 스크린증후군 등)를
판별할 수 있는 세계 유일의 독창적인 검사입니다.

좌우뇌 8가지 영역 네트워크

BGA 검사 분석을 통한 교육 왜! 필요한가?

BGA 창의·영재 교육프로그램의 효과

* 남다르게 생각하는 창의적인 아이로 성장합니다.
* 말만 앞서고 생각이 부족한 아이가 이해력 있는 아이로 달라집니다.
* 말과 글로 잘 표현하지 못하는 아이가 설득력 있는 아이로 변화됩니다.
* 어렵고 복잡한 것을 회피하는 아이가 끈기 있는 아이로 바뀝니다.
* 5대 종합사고력(보고, 듣고, 읽고, 말하고, 쓰는 사고력)이 향상됩니다.

5대 종합 사고력

BGA 인성 교육프로그램의 효과

* 마음이 여려 잘 울던 아이가 적극적인 아이로 변화됩니다.
* 부모에게 의지하고 의욕이 없던 아이가 열정적인 아이로 달라집니다.
* 게임, 컴퓨터, 스크린에 쏟아 붓는 아이의 생활 습관이 개선됩니다.
* 산만하거나 '세월아 네월아' 하는 성격이 정서적으로 안정됩니다.
* 이기적인 아이에서 가족과 사회를 배려할 줄 아는 아이로 성장합니다.

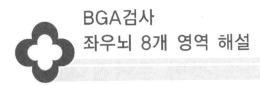

BGA검사
좌우뇌 8개 영역 해설

좌뇌 영역

1 추상력

추상력이란 수집된 정보나 생각 혹은 느낌 등을 분류, 분석하여 생각 혹은 글로 옮길 수 있는 능력을 말한다. 즉 복잡하고 다양한 정보를 분석하고 분류하여 간단한 특성만을 생각하고 이에 맞는 꾸밈말을 첨부하여 논술 할 수 있는 능력을 추상력이라고 한다. 그러므로 추상력이 발달하면 언어사고력에도 도움을 주어 상대를 설득하고 논술하는데 뛰어난 능력을 발휘한다.

2 언어사고력

언어사고력이란 사람의 감정과 느낌 혹은 사상 및 생각을 음성언어 또는 문자언어를 통해 정확하게 표현하는 능력을 말한다. 언어사고력은 언어와 문자에 대한 이해가 빠르고 효과적인 구사력과 자기의 생각이나 느낌을 표현하는 능력이 있으며, 글을 빠르게 터득하고 상대방의 언어를 듣고 이해하는 능력이 뛰어나며, 책읽기를 좋아하고 스스로 글을 읽고 이해하는 독해력이 뛰어나다.

3 수리력

수리력은 추리력과 달리 물건이나 숫자를 통한 수 개념적 계산과 방정식처럼 복잡한 계산보다는 숫자를 통한 단순 계산을 빠르게 할 수 있는 능력을 말한다. 수리력이 약하면 숫자 계산이 늦고 생각과 행동이 일치하지 못해 모든 행동이 굼뜨게 된다. 반대로 수리력만 높게 나타나면 수 계산을 빠르게 할 수 있으나 복잡한 문제는 피하게 된다.

4 추리력

추리력이란 논리적 분석력을 말한다. 특히 수학의 방정식과 같이 몇가지 단문장이 모여 하나의 장문장이 되어 있는 문제를 해결하는 능력이 바로 추리력이 하는 역할이다. 복잡한 문제가 요구하는 사항을 정확하게 판단하고 분석하며 이를 순서대로 풀어나가는 것을 추리력이라 한다.

우뇌 영역

5 협응력

협응력이란 학습이라는 동일한 목적을 가지고 몸과 마음이 하나가 될 수 있는 능력을 말한다. 결국 협응력이란 학습을 하는데 있어서 신체가 학습을 할 수 있도록 도와주는 역할과 집중해서 글이나 사람의 이야기를 들을 수 있는 능력을 말한다. 우리 두뇌에서는 학습을 하는데 필요로 하는 집중력과 컴퓨터, 게임을 하는데 필요한 집중력, 조립식 퍼즐 혹은 그림을 그릴 때 필요로 하는 집중력이 있는데 그 중에서 학습을 하는데 필요한 집중력을 말한다.

6 구성력

구성력이란 사물 또는 상황의 짜임새를 파악하고 손이나 도구를 사용하여 그리거나 만드는 힘을 말한다. 사물이라 함은 조립식 퍼즐, 레고, 종이접기, 찰흙만들기, 조각하기 등을 말하며 이러한 것들의 핵심을 파악하여 빠르고 정확하게 작업할 수 있는 능력이다.

7 시각적 통찰력

시각적 통찰력이란 교우 혹은 상하관계에서 많은 사람들을 이끌어 나갈 수 있는 힘이다. 리더십이라고 하는데 다른 사람들을 이끌어 나가려는 마음과 힘은 눈빛에서 나타난다. 그 눈빛의 세기를 시각적 통찰력이라고 한다.

8 지각속도력

지각속도력이란 수리력과 함께 파악해야 하는데 운동 혹은 예술적 감각능력을 말한다. 주변 상황에 대한 인지를 빠르게 하고 이에 대처할 수 있는 능력을 말한다. 한번 보고 느낀 것을 우뇌 속에서 빠르게 이미지화 할 수 있는 능력이다.

종합지수 해설

감성지수(EQ : Emotional Quotient)

자신의 감정을 적절히 조절, 원만한 인간 관계를 구축할 수 있는 '마음의 지능지수'를 뜻한다. 자신의 감정을 다스리고 다른 사람의 감정까지 읽어내는 지수로서 대인관계를 원만히 하는 사회적응 능력을 평가한 것이다. 그 내용은 첫째, 자신의 진정한 기분을 자각하여 이를 존중하고 진심으로 납득할 수 있는 결단을 내릴 수 있는 능력, 둘째, 충동을 자제하고 불안이나 분노와 같은 스트레스의 원인이 되는 감정을 제어할 수 있는 능력, 셋째, 목표 추구에 실패했을 경우에도 좌절하지 않고 자기 자신을 격려할 수 있는 능력, 넷째, 타인의 감정을 공감할 수 있는 공감능력, 다섯째, 집단 내에서 조화를 유지하고 다른 사람들과 서로 협력할 수 있는 사회적 능력 등을 들 수 있다.

창의성지수(CrQ : Creative Quotient)

창의성이란 사물을 새롭게 탄생시키는 과정, 알려지지 않은 참신한 아이디어나 그 복합체를 산출하는 능력 또는 특성을 말한다. 창의성의 본질은 유용함과 새로움이다. 진정한 창의성은 선지식을 바탕으로 하여 문제해결능력과 독창적인 아이디어를 발휘하는 일이다. 창의적인 사고 성향은 자발성, 독자성, 집착성, 정직성, 호기심 등이다.

카리스마지수(ChQ : Charisma Quotient)

카리스마지수란 타인에 대한 흡인력과 공동체 내의 신뢰감, 지도력 등을 포괄적으로 표현하는 말이다. 구체적으로는 모두를 고양시킬수 있는 비전을 제시하고 신뢰감과 전문적인 식견을 갖추었으며 타인의 동참을 설득할 수 있어야 한다.

열정지수(PQ : Personality Quotient)

열정지수를 풀이하자면 인간성 지수라고도 하며 강력한 의지의 근간이 되는 것이다.

사회성지수(SoQ : Social Quotient)

다른 사람의 감정과 의도를 잘 파악하고 다른 사람과 잘 어울리는 능력을 의미한다. 자신의 말만 쏟아내는 사람보다 다른 사람의 말에 정성스레 귀를 기울이는 사람, 다른 사람의 문제점을 부드럽고 정확하게 지적해 주는 사람이 성공도가 높다. 후천적으로 길러지는 부분이 커서 원만한 인간관계를 통한 노력으로 높일 수 있다. 인간관계를 유연하게 풀어내어 효율적인 일처리와 높은 성과를 이루기 때문에 기업에서 선호하는 지수이다.

관계인맥지수(NQ : Network Quotient)

인간관계를 얼마나 잘 유지하고 운영하는지를 나타내는 지수다. 일명 공존지수라고도 한다. 이는 무한경쟁 시대에 오히려 더 각광받는 요소 중의 하나로서 현대사회가 수평적 관계를 맺는 '네트워크' 사회로 발전하여 다른 사람과의 소통 및 관계가 중요해지면서 주목 받기 시작했다.

스크린증후군지수(SrQ : Screen Syndrome Quotient)

학습과 인성발달에 가장 크게 영향을 주고 있는 TV, 컴퓨터, 휴대폰, 게임기 등 디지털 기기 의존도에 대한 지수이다. 이 지수가 높으면 에너지의 대부분을 디지털 기기 사용에 투입하여 학습이나 인성계발을 제대로 하기 어렵고 허상이 마음을 지배하게 되어 가족관계나 대인관계가 원활하지 않을 수 있다.

도덕지수(MQ : Moral Quotient)

양심에 어긋나지 않게 행동하는 것을 말한다. 쉽게 말해 '준법성' 인데, 자녀가 부모에게서 가장 큰 영향을 받는 부분이라 할 수 있다. 도덕지수는 규칙적인 암기나 추상적인 토론, 가정에서의 순응교육으로는 잘 길러지지 않으며, 어린이들 스스로 다른 사람들과 어떻게 하면 잘 지낼 수 있는가를 보고 겪으면서 변한다.

BGA 두뇌종합검사 실시안내

* 검사대상 : 유아 ~ 성인
* 검사방법 : 연령별 자기지필검사
* 검사시간 : 30 ~ 40분
* 검사문의 : 02-869-0026

두뇌계발 전문교재(www.wiseQ.co.kr)

(만2세) (만3세) (만4세) (만5세)

와이즈Q (만2세~만5세 연간 교재)

창의인성! 와이즈Q는 누리과정에 맞추어 BGA 좌우뇌 8개 영역과 5가지 종합사고력을 토대로 구성되었으며, 창의인성 교육을 통해 좌우뇌 각 영역이 서로 소통하고 조화로운 균형을 이루게 합니다.

낭독! 언어 친구 (만3세~만5세 각 1~12호 월간 교재)

낭독! 언어 친구는 인지발달 이론을 토대로 유아기 언어발달과정과 누리과정의 의사소통 영역 네 가지 범주(듣기, 말하기, 읽기, 쓰기)를 유기적으로 연결하여 창의적으로 학습하고, 의사소통능력을 키워주는 두뇌계발 특허(특허 제 10-0709345호) 교재입니다.

(만3세) (만4세) (만5세)

(만3세) (만4세) (만5세)

포토스토리! 수 친구 (만3세~만5세 각 1~12호 월간 교재)

포토스토리! 수 친구는 좌우뇌 유기적 네트워크 이론을 토대로 누리과정의 수학탐구 영역 다섯 가지 범주(수와 연산, 공간과 도형, 측정, 규칙성, 자료수집과 표현)를 실생활 속 사진(그림)과 이야기를 통해 좌뇌와 우뇌로 이미지화하고 연결하여 수학 통합 탐구능력을 키워주는 두뇌계발 특허(특허 제 10-0709345호) 교재입니다.